牧 路

75年，守護島嶼的路行者

從0歲起，
每個人生階段，
都有公路總局監理與運輸的陪伴守候。

張雅琳、王宣喬、曹憶雯———著

目錄

智慧運輸從「心」出發
實現全民交通正義

交通部部長 王國材

政府之於整個臺灣，扮演的是領頭羊的角色，一定要由公部門走在前頭，給出清楚明確的指引方向。我們雖是汪洋大海中的小小島國，卻有傲人的資通訊產業技術。眼下生活在科技時代，如何整合雲端運算、AI 人工智慧、大數據、5G 網路等最新科技，延伸應用，創造更多「連結」來裨益交通，端賴以「智慧運輸」布局；對內，讓民眾享有更好的移動性，為人民創造真正的幸福，對外，輸出臺灣經驗，展現國家競爭力。

過去，擔任交通部政務次長期間，推動智慧運輸發展建設計畫，涵蓋交通行動服務（Mobility as a Service，簡稱為 MaaS）深化、自駕車聯網技術導入運輸業、智慧廊道、車聯網科技發展、偏鄉公共運輸營運品質提升等亮點計畫，策略主軸都在藉由優化交通運輸服務，打造出門安全、行車順暢、旅行無縫及環境永續的智慧交通生態，實現旅運需求供需平衡，帶動國內運輸管理創新與效率，來提升國民「行」的便利。

偏鄉交通的改善，便是我在推動「智慧運輸」相關計畫時，亟欲強化的重點。我曾前往新竹縣尖石鄉實際搭乘幸福巴士，在都會區每隔三、五分鐘就發車的大眾運輸班次，對比偏鄉連搭一班公車都不容易，這當中突顯的城鄉差距，使我格外有感。

交通，是地方的命脈，這條運輸的血管若是不能串接起來，青壯人力不得不移動往大都市尋求生計，留在鄉里的年長者也只能坐困家中、不良於

「行」，又有什麼能量談城鎮發展、談地方創生？而「需求反應式公共運輸」方案的推動，正可以「共生共享」概念充分串連在地網絡，更借力使力運用外在資源，讓偏鄉交通更能自給自足地永續經營，布建完成智慧運輸的最後一哩路。

此外，依據國家發展委員會在2020年提出的資料，顯示臺灣高齡人口快速成長，將在2025年進入超高齡社會。面對人口急速轉變與交通環境的需求，也勢必要採取更多作為來積極因應。2017年交通部公路總局實施的「高齡駕駛人駕照管理制度」，便是其一，將能協助達成降低高齡交通事故死傷的目標。

交通事故防制的重要性，仍應持續強化教育宣導，建構風險意識。畢竟，每一次的事故，都造成多個家庭的破碎，唯有藉由各項政策的推動，落實監理工作，將道安意識普及為全民根深蒂固的觀念，讓新的交通文化逐漸成形，方能全面提升交通安全。

走過春夏秋冬，安全永駐心中。期能透過本書對交通部公路總局運輸、監理業務的介紹，讓讀者能夠認識與自身相關的權益。未來，我深切期許公路總局的全體同仁，能以最柔軟的身段，耐心傾聽人民的聲音，解決人民的問題。

王國材

完善偏鄉公共運輸
提供有溫度的監理服務

交通部公路總局局長　許鉦漳

　　路，是連接人與人之間的橋梁，把路這個字拆開來看，左邊一個「足」、右側一個「各」，無論道路、客運，都與人密不可分，公路總局的使命，是在最安全的條件下，提供最溫暖的服務。回顧超過半世紀的臺灣公路歷程，公路總局猶如牧羊人管理牧場，守護、服務並治理人、車與道路的安全，讓公路牧場中的每個人、每趟旅程都平安抵達。同時，我們秉持「與民同行」、「連結共好」的初心，將民眾「行的安全」、「行的正義」放在心上，堅持讓每次道「再見」都能夠如願「再次相見」。

　　創立至今，公路總局從公路監理到運輸業務，不斷轉型、持續革新。在公路監理議題上，以前瞻的眼光，推動公路監理資訊系統化，擴充多元服務面向，發展監理服務網和監理服務 APP，包括建置多元繳費管道、2.0 數位自助服務機等等。我和同仁常以「不用辦、很快辦、隨時辦，通通都能辦」的簡政便民目標，相互勉勵，要讓四朵花「辦」遍地開花。與此同時，也鼓勵並補助報考機車駕照的民眾參加駕訓班課程，降低肇事率；推動大型車輛裝設行車視野輔助系統、落實車輛動態資訊管理中心 24 小時監控任務，以確保民眾行的平安；為照顧偏鄉需求，打造數位行動監理車，趨前提供最暖心的監理服務。

　　在運輸業務領域上，將大數據的分析積極應用在推進各項公共運輸改善措施，包括公共運輸票價及轉乘優惠、增設無障礙電動車輛，乃至彙整多元支付

系統、電子票證應用等等，期望藉由科技工具的輔助，更有效率地為民服務。此外，也延續公運計畫精神，優化各地運輸服務、新闢路線完善路網，配合蘇花改通車導入公運美學，打造公路上最美的移動風景「北花線 - 回遊號」。

　　偏鄉公共運輸營運品質的提升，是交通部的重點政策；縮短城鄉差距，完善偏鄉居民交通需求，是公路總局心心念念的使命。過去十年來，我們的監理所站同仁，實際走訪偏鄉部落了解需求，出動數位行動監理車下鄉，延伸服務觸角；推動「幸福巴士」和「幸福小黃」，建置預約媒合平台，因地制宜，讓在地人服務在地人，把偏鄉交通最後一哩路的拼圖「補起來」。

　　進入公路總局四年來，我看見前人的努力栽種和智慧決策，也感受到年輕同仁的認真態度與正面能量，在現今預算有限、人力精簡的情況下，下一步，我期許運用過去工程經驗，將工程廠商的自主管理和三級品管政策，導入公路總局的監理業務，體現身為「牧路人」守護人、車、業、道路安全的使命。

　　迎接下一個 75 年，公路總局精益求精，以創新思維從民眾角度思考，從心審視各項服務，貫徹「人本交通」的真義。期許同仁在現有基礎下，繼續努力，與時俱進，一代傳承一代，未來越做越好。

許鉦漳

《來路 Line》

公路總局監理與運輸
75 載重要大事紀

1960 年代的屏東客運公司屏東總站，該站幾經改
建，一直使用到 2018 年為止。

1946
臺灣省公路局 8 月 1 日成立，設有運輸
及監理單位，開辦公路客運業務。

1947
臺灣省公路局受交通部公路總局（政府
遷臺後裁撤）委辦，接辦臺灣省公路監
理業務。

1949
臺灣省公路局將監理單位裁撤，業務及人
員併入運輸單位。

1949
增設工務處，掌理全省公路工程業務。

1952
臺灣省公路局將監理業務由運輸單位劃
出，並設臺北、新竹、臺中、嘉義及高
雄等五區監理所。

1954
接管監理業務後，陸續在各監理所、站購
置檢驗設備。

1959
公路局開行「金馬號」班車。

1960
頒布實施「汽車燃料使用費徵收及分配辦
法」，按車輛種類，隨車照分四季徵收。

1960
公路法、汽車運輸業管理規則、汽車運輸
業客貨運運價準則施行。

1969
公路局開始將公營客運路線陸續釋出
民營。

1970
公路局開行「金龍號」冷氣客車。

1972
汽機車號牌字首加省市代號編定，同時，
將汽機車號牌使用期限改為每三年更換
一次。

1976
公路局開行「中興號」冷氣客車。

1978
改採一車一牌使用至報廢或繳銷為止，汽機車號牌之編碼方式採行數字編碼，汽車六碼，機車七碼，首度取消號牌使用年度及省市編碼。

1978
南北高速公路全線通車，公路局開行「國光號」高級整體客車。

1980
將運輸業務自公路局劃出，另成立臺灣汽車客運公司。10 月業務調整為公路工程與公路監理二大類別。

1982
訂定「臺灣省公路局監理業務電腦化作業人員甄選、訓練、儲備、遴用計畫」。

1984
任務編組成立「電子處理資料中心」，北、中、南區各成立「電子作業室」，負責各該區機器操作與資料處理。

1986
全區連線作業，建立全國最具規模之分散式公路監理電腦網路系統。

1990
全面實施電腦化檢驗，以達檢驗公開、公正化。

1996
第二代公路監理電腦系統全國連線作業啟用，目標是提供「一處收件，全程服務」的便民服務，破除過去受限於行政轄區的困擾。

1998
將汽車定期檢驗越區範圍擴大至全省均可代檢。

1998
公路監理資訊系統開辦網站服務，擴大便民服務範圍及延伸公路監理服務之據點。

1999
臺灣省公路局改隸交通部，更銜為交通部公路局。

金馬號的隨車服務人員金馬小姐，工作之一包括送報服務。

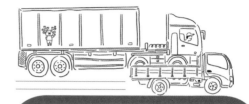

國光客運

2001

臺灣汽車客運公司客運業務民營化,成立國光客運公司。

2002

交通部公路總局組織法施行後,交通部公路局更銜為交通部公路總局。

2002

實施大型重型機車制度及駕訓。因應加入世界貿易組織 (WTO),開放 150 cc 以上重型機車進口及製造。並將重型機車分級為普通重型機車及大型重型機車,並建立強制駕訓制度。

2004

機車考照 e 點通網站上線,設置八種國內外語言,透過網路可選用熟悉的鄉音語言學習。

2004

8 月推動代檢廠評鑑制度。

2006

建立汽車設備變更分級分類管理制度,明訂汽車設備可變更、不可變更項目及變更要件檢驗基準之規定。

2008

導入大客車車身結構強度要求,調合聯合國歐洲經濟委員會車輛安全法規之大客車車身結構強度規定 (即 UN/ECE R66),大客車車身結構強度與世界接軌。

2008

建置車輛型號規格網路查詢系統,運用網路系統查詢車輛型號規格,以利檢驗人員檢驗車輛時,核對原車輛型號規格,供民眾查詢。

2009

公路客運路線實施四碼統一編號制度。

2010

開辦大客車職業駕駛人定期訓練。為宣導「大客車職業駕駛人定期訓練」,5 月 24 日於北部訓練所辦理第 1 期暨開訓典禮,並於 6 月 1 日起於本局各訓練所正式開訓。

2010

公路總局北部、中部、南部訓練所整併為「交通部公路總局公路人員訓練所」。

2010

推動「公路公共運輸發展計畫」，以「拔尖創新」及「築底固本」為推動理念，「拔尖創新」在於規劃城市重要路廊之幹線，以吸引民眾使用；「築底固本」在於維持基本民行，照顧弱勢族群。

2011

7月1日起核發新版汽車駕駛執照，民眾現有未到期之舊版駕照仍可繼續使用，俟定期換照或補照時再更換即可。

2012

配合監理業務收歸中央，臺北市監理處、高雄市監理處及金門縣、連江縣公路監理所等四個監理機關改隸公路總局，並自1月1日生效。

2012

第三代公路監理資訊系統建置委外服務案成案，與中華電信股份有限公司數據通信分公司完成議價。

公路總局新大樓採綠建築設計，以環保和親民為訴求。

2013

自用汽車、機車及自用拖車，免換發行車執照或拖車使用證。

2013

「電腦筆試系統」上線，全國監理所站均採同一套電腦筆試題庫，取代傳統紙本筆試。

2013

普通駕照免定期換發。

2013

初領機車駕駛執照實施兩小時安全駕駛講習，自4月1日起由七個監理所站試辦。

2013

推動「公路公共運輸提昇計畫」，以「創新模式」、「複製成功經驗」、「多元關懷」、「績效補助」為理念，支持各地區公路公共運輸系統均衡發展。

2014

公路總局新大樓正式啟用，採綠建築設計並使用再生能源，防災應變中心並升級軟硬、體設備，提供民眾全面性的防災服務。

2015

第三代公路監理資訊系統啟用，監理服務邁向行動化及智慧化。

DRTS 於 2019 年更名幸福巴士，並將 2019 年訂為幸福巴士元年。

2016

機車筆試題庫納入情境式題目，以養成機車駕駛人駕駛道德及安全駕駛習慣。

2016

推動需求反應式公共運輸服務（DRTS）計畫，優先針對 68 處偏鄉地區推動，導入多元運具及搭配預約機制，以提供符合當地特性及需求之運輸服務，完善偏鄉地區最後一哩基本民行。

2017

實施小型車路考之道路駕駛考驗。

2017

實施高齡駕駛人駕照管理新制，對象為「實施日期後才屆滿 75 歲者」及「逾 75 歲實施日期後有違規記點或吊扣駕照者」，經體格檢查合格，且通過認知功能測驗後，方能換發三年有效駕駛執照。

2018

推動「公路公共運輸多元推升計畫」，以多元服務供給、多元需求整合、多元資訊整合、多元方案加值、多元資源整合、多元協作及多元行銷等策略，發展多元公共運輸服務。

2018

車輛動態資訊管理中心正式成立。

2019

酒駕防制教育訓練開辦。

2019

機車危險感知教育平台上線，並列為機車駕照發照前講習課程。

2019

DRTS 更名為「幸福巴士」，並將 2019 年訂為幸福巴士元年。

2019

普通重型機車駕訓補助。

2020

打造全臺第一輛數位行動監理車，提供多功能監理服務及數位體驗，並透過外觀彩繪翻轉刻板的監理形象。

2020

行動支付即時繳納交通違規、違反強制險罰鍰及汽燃費。

2020

推動屏東縣滿州鄉幸福巴士 2.0 整合服務示範計畫，導入在地及民間資源提供服務。

2020

老舊遊覽車車身查驗延壽制度。

2020

線上申辦汽車牌照繳銷或報廢登記，民眾只須在「監理服務網」提出報廢或繳銷申請，繳清汽燃費及交通違規罰鍰即可完成登記。

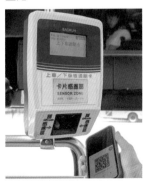

多元支付系統啟用後，可透過手機掃描 QR Code 完成車資付款。

2021

規劃監理服務 APP 改版，提供「專屬個人車駕籍資訊即時查詢繳費、申辦」、「監理通知結合行動裝置行事曆」、「GPS 推播適地性服務」及「友善雙語服務」等多元豐富的功能介面。

2021

推動「公路公共運輸服務升級計畫」，以無縫、永續、安全、精緻達成服務升級目標，致力於公路公共運輸服務之無縫化及持續精緻各類服務，帶動公路公共運輸之永續發展。

交通部公路總局監理所

交通部公路總局

臺北市區監理所

臺北區監理所

新竹區監理所

臺中區監理所

嘉義區監理所

高雄市區監理所

高雄區監理所

公路人員訓練所

《人生行路 Guide》

從 0 歲起，每個人生階段，
都有監理與運輸的陪伴守候

0歲～4歲

年齡2歲以下幼童，搭乘自用或租賃小客車、小客貨兩用車，需安置於車輛後座的攜帶式嬰兒床或後向幼童用座椅，予以束縛或定位；年齡在4歲以下，且體重在18公斤以下的幼童，必須依規定乘坐國家標準安全椅。

18歲起

年滿18歲，可考領普通駕駛執照、輕型或普通重型機車駕駛執照，也能購車（選號、領牌）和買賣車輛，自行騎車、開車、搭公車就學和就業。

20歲～70歲

年滿20歲，可考領大型重型機車駕駛執照；亦可考領職業駕駛執照(職業小型車、職業大貨車與客車、職業聯結車)，最高年齡依規定不得超過65歲，小型車職業駕駛執照至年滿70歲止；大型車職業駕駛執照至年滿68歲止。

2〜7歲

搭乘幼童專用車前往幼兒園,車型、規格、安全設備及其他設備,應符合道路交通安全規則之規定,駕駛人每年7月需進行健康檢查。

7歲起

搭乘遊覽車,參加校外教學、畢業旅行、觀光旅遊等。

75歲起

新領或未超過75歲駕駛人已領有之普通駕駛執照,有效期間至年滿75歲止,其後應每滿三年換發一次;駕駛人應於有效期間屆滿前後一個月內,通過體格檢查合格、認知功能測驗,向公路監理機關申請換發新照。

▲上述各項法規詳情,請參考道路交通安全規則。

Chapter1 牧者的誕生

人類歷史文明及國家經濟發展，
與道路建設、交通運輸休戚與共，
1946 年成立的公路總局，是拓展臺灣公路客運運輸的先鋒，
使貨暢其流、人暢其行，提供民眾最基本「行」的正義，
同時也是保障人民出行安全的最佳守護者。

回首公路總局走過的 75 個年頭，傾盡心力，
以「安全不打折扣」的最高堅持與準則，
確保島嶼上的人、車、路、業皆能安穩運作。

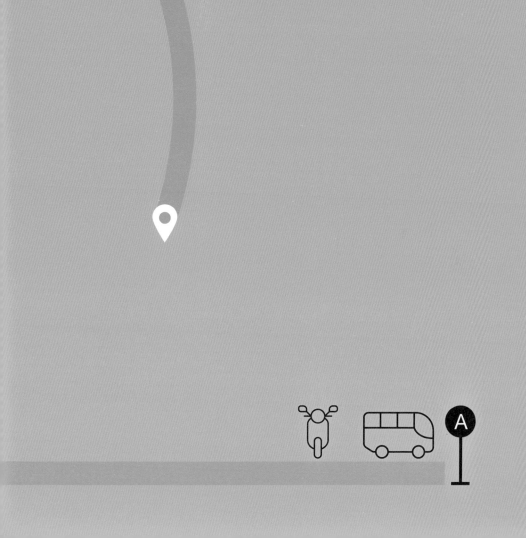

一日公路人，一生公路人

公路總局統管道路運輸大小事務，扮演的角色，猶如牧羊人管理牧場，
勤勤懇懇，兢兢業業，以張弛有度的治理方式，
視民如親的服務心態，守護著車輛、道路與每一位用路人，
打造有秩序、安全和便利的運輸環境，
讓這座公路牧場中的人們，平穩舒適地完成每一趟旅程。

————————

　　鏡頭拉回臺灣光復初期、時政百廢待興的時局，交通部公路總局75年悠
悠歷史長河的故事，從這裡說起。

　　歷經了二次世界大戰，臺灣重要的運輸場站及車輛摧毀殆盡，客運駕駛員
也多應召從軍，平安返家者幾希。因此，光復後的臺灣公路交通，彷彿陷入
一片化不開的混沌局面，公共運輸幾近停擺，市區少有公車，城鎮之間也只
能靠著鐵路和少數民營業者經營的路線，勉強維持營運。亂象頻頻的是私人客
貨車四處流竄、任意攬客，主管機關卻因當時仍忙於接管鐵路，對於公路運輸
無暇兼顧。

關鍵年份 1946 公路局正式開張

迎來改變的契機，出現在 1946 年，箇中靈魂人物，名為錢益。

時任交通處專門委員的錢益，在交通處長任顯羣的交辦下，短短數天內擬妥了《台灣省公路管理局施政計劃》，同年 8 月 1 日，臺灣省公路局正式成立，便是今日交通部公路總局最早的前身。

錢益的作為，絕非止於紙上談兵，他思及車輛相關業務歷經戰火洗禮而殘破不堪，一沒人力，二沒銀錢，難以開業，有所作為，於是主動出擊，單槍匹馬找上臺灣銀行籌募資金。幾經周折，一拿到經費，立刻搶訂了 20 輛貨車底盤，主導首輛客車的車體打造。後續的路線會勘、站牌設置、司乘人員任用、票價制定、車票及時刻表印刷等繁複作業，也由他一手包辦。

1946 年 9 月 26 日上午 6 點，載著七名旅客的公路局第一班車，首發啟程，從臺北開往基隆，也開啟了 75 年來公路客運的黃金歲月。而錢益僅用不到三個月的時間，就完成了開業任務，過人一等的效率，堪稱當代的「時間管理大師」，也讓他在歷史留名。

公路局自 1946 年以「運輸」業務起家，1947 年接辦「監理」，1949 年「工程」來歸，三大部門終於到齊；自此，臺灣人民生活與公路局已是密不可分。

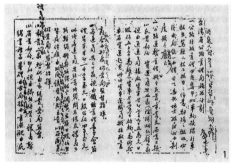

1 錢益擬具之《台灣省公路管理局施政計劃》部分手稿。
2 公路局的開業紀念照,極具歷史意義。
3 戰後的臺灣,為修補毀損不堪的道路,公路局在全臺展開「公路復興」,修橋造路,
　篳路藍縷,極其艱辛。

無縫運輸 創造幸福移動空間

　　臺灣公路自清代以降,乃至日本時代及民國,是古今的串聯,更飽含歷史文化的底蘊。光復後,為修補毀損不堪的道路,公路局在全臺展開「公路復興」,修橋造路的工程逢山開洞、遇水搭橋,篳路藍縷,極其艱辛。

　　有土斯有財,有路斯有業,四通八達的公路,是國家社經發展的命脈所在,晝夜奔馳,傳輸著帶動社會進步成長的能量。從 1953 年西螺大橋通車,1956 年西部幹線全線舖設柏油路面,東西橫貫公路 1960 年通車,到 1970 年澎湖跨海大橋落成,公路總局僅用四分之一世紀的時間,打通全臺公路的任督二脈,讓臺灣公路發展走向新的紀元。

　　隨著公路建設陸續完善,公路局因應時代潮流,陸續開啟一連串監理運輸改革、業務整合和電腦化升級的進程。長期待在交通體系的前交通部常務次長、中華開發金控董事長張家祝指出,1980 年代臺灣的公路運輸可說是百端待舉,「並不害怕事情太多,唯一擔心的只有時間不夠。」雖然公路運輸起步稍晚,但是後續發展已臻成熟,特別是現階段的大眾運輸,舉凡種類、服務型態、法規制定等,都和世界先進國家並駕齊驅。

　　走過快速成長、深化改革的年代，公路總局持續改善運輸服務，整合公路、市區客運與軌道運輸服務。除了對運輸業就安全及服務品質做最適當的管理，近年也積極推動公路公共運輸計畫，以確實達到公共運輸「服務無縫」、「時間無縫」、「資訊無縫」、「空間無縫」的目標。串連大城與小鎮，打造優質的幸福移動空間，讓「客運不只是客運」，全臺各地的民眾都能受惠，乘著節能減碳的風潮，享受更好的乘車品質。

智慧監理 用心展現服務價值

　　一路走來，公路總局見證了臺灣從農業時代發展到工業時代，經濟起飛，躋身亞洲四小龍，到如今因應科技時代的再升級，公路總局相關政策、法規的

豐原客運公司的車掌小姐，引導班車通過神岡線平交道。從尖頭公車到現在的 55 路電動公車，這條豐原至臺中的客運路線，幾十年來都是豐原客運公司的衣食父母，豐原客運公司提供。

2 回顧 1960 年代的員林客運候車室，掛滿路線圖、票價表、營業規章及政令宣導，當然保密防諜的漫畫是不可少的。

3 興南客運公司 1970 年代以前的臺南總站，位於現今華南銀行北臺南分行的位置，當時該公司通往臺南各地的公路客運，都從這裡出發，後來才遷到安平工業區。

4 高雄客運公司 1970 年代引進平頭公車，剛上路的新車一字排開，非常壯觀。

5 公路總局的監理業務與時俱進，透過公路監理自助櫃檯，提供民眾更升級、方便的服務。

制定沿革，就有如大時代下的縮影。面對社會趨勢的改變與潮流，公路總局大家長許鉦漳局長，以「公路總局必須與時俱進」來督促自己，也勉勵同仁。

這些年來，公路總局從早期經營者的立場，轉為管理者；隨著公路的搭建，相關服務也伴隨產生，公路蓋到哪裡，公共運輸的服務就做到哪裡；有了道路，就有用路人的角色，衍生對應的管理機制。凡此種種，無不牽涉到公路總局轄下的運輸和監理兩大組別，所執掌的工作內容。

監理業務服務對象，包括人、車與業者，範疇龐大，細項更是繁雜。對外，圓滿解決問題；對內，更彈性溝通來進行重要變革。核心概念，便是以「人」為本，站在民眾的角度來觀照，從「以客為尊」到「視民如親」，回應人民對監理機關的期待。

未來所要面對的，是一個新世界。有著悠久歷史的公路總局，機關雖老，心態不老，始終保持著一顆年輕的心，像海綿般吸收新知，期許做到「最不像公務機關的公務機關」，不論是服務量能的擴充，或服務品質的提升，都能讓民眾深刻感受到監理業務隨著智慧時代的進步，讓更多人看見未來的希望。

每個在公路總局崗位上的同仁，皆秉持著「一日公路人，一生公路人」的信念，掌握每個時間點應該做什麼事情，「做對的事情，把事情做對」。過去發展出來的成功經驗，是全體公路人創造出來的價值。

從牧者的誕生到世代的傳承，這是一齣從「被動服務」、「主動服務」進化到「感動服務」的三部曲，而主角則是公路總局的全體同仁。在每項服務的背後，都蘊藏著最溫暖的人情物意，正因為如此，才能讓有溫度的幸福公路，深入到全國各個角落。

Chapter2 為您停靠或前行

在交通運輸不發達的年代，
「來去坐公路局」是老一輩臺灣人共同的成長記憶，
當年的公路局為了民眾行的權利，推出多種車款與服務。
隨著時代演變，歷經臺汽公司從公營轉民營、
首家民營客運公司統聯的誕生、乃至於國光客運公司的成立，
公路總局也從曾經的經營者身分，轉型為全職的管理者角色。
「公路到哪裡，客運服務就到哪裡」，公路總局不僅鋪設道路，
也肩負客運路線規劃和監督責任，守護人、車、道路的安全。
同時，推出幸福巴士以補足偏鄉運輸需求，實踐行的正義；
將設計美學導入公路運輸服務，跨域共創品牌概念；
運用科技研發多元支付系統，打造智慧運輸的未來。

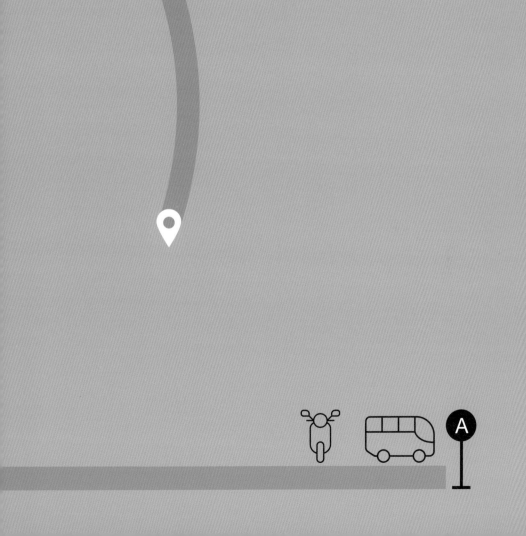

從坐公路局到坐國光客運

隨著時代變遷與社會趨勢的浪潮，臺灣公路客運從公營轉民營，
是一條不能不走的路。如何從公營順利跨足民營？
既符合乘客的期待，又照顧員工的權利和心情，
身為公路牧場管理者的公路局，居中扮演了穿針引線的角色，
將看似無解的難題一一梳理，讓這座大牧場能持續茁壯，
守護人、車、道路的安全。

───────

　　在自用車還不發達的年代，「坐公路局ㄟ車」是許多人的共同回憶，返鄉
探親、觀光旅行、約會出差，南來北往、串連東西全靠它。如同鄰里街坊的
尋常問候「你吃飽沒？」一樣，「你坐什麼車來？」、「我坐公路局」也成為
家人、朋友之間，傳達關心的溫暖對話，「公路局」等於公路客運的代名詞。

　　和民眾生活息息相關的公路局，自1946年以客運業務起家後，60年代末
期已累積近3000輛的營業大客車，員工超過1萬6000人，行駛路線遍布臺
灣，由五個區的運輸處負責營運，規模堪稱亞洲第一。公路局造橋鋪路、購
車都需要經費，在十大建設創造了令人稱羨的「臺灣錢淹腳目」時代，公路局
的運輸業務收入可觀，足以負擔監理和工程部門的支出。不過，長期身兼公路
客運督導者與經營者雙重身分的「球員兼裁判」模式，也引來質疑，公路局最
終將運輸業務劃分出來，成立了臺灣汽車客運公司(簡稱臺汽)，沒想到，接

二連三遇到瓜分市場的野雞車之亂以及難解的臺汽民營化課題，每一項都考驗著公路局的決心和決策。

臺汽在黃金世代攀上顛峰

雖然臺灣省政府時代早在 1962 年已規劃成立客運公司，然而「臺灣汽車客運公司」直到 1980 年 8 月 15 日才正式成立，讓客運業務和公路局分家。臺汽成立時資本額為新臺幣 40 億元，創業基金來自公路局，經營模式同樣比照辦理，臺汽員工保有公務人員資格，並接辦原屬公路局的運輸業務。

1980 年代臺灣經濟起飛，迎來公路客運蓬勃發展的黃金世代，當年常有人抱怨說「假日的車票比演唱會門票還難搶」，加上被譽為「金雞母」的國道路線在當年是臺汽獨占事業，因此，1985 年成為臺汽最好的年代，無論載客量及市占率都攀上顛峰。

光復初期，臺灣公路運輸採行「車路合一」模式，客運業者必須自僱道班，負責營運路線的維修；1952 年起改依《臺灣省汽車客運業專營費征收辦法》，繳納專營費給公路局，作為公路養護之用；負擔相當沉重，加上賺錢的黃金路線也都由公路局營運，無怪乎經營相對艱難的民間客運業者，心裡總覺得不公平。

1 嘉義客運公司在嘉義市中山路的總站，
　該站直到目前都還繼續使用。
2 金龍號於1970年問世，是公路局首次
　將冷氣車運用於定期班車。
3 MCI 96A3 型高級整體客車，臺汽時代
　及國光客運成立初期作為國光號使用，
　後降為中興號繼續行駛機場路線，最終
　部分車輛轉型為遊覽車。

臺汽成立後，公路局暫時擺脫球員兼裁判的疑慮，但隨著民營客運瓜分客源、國營事業民營化的浪潮，臺汽轉民營成為勢在必行的趨勢。

擋不住民營化浪潮 臺汽正式走入歷史

十大建設加速臺灣社會、經濟急速發展，當年還擠進「亞洲四小龍」，臺汽樂觀看待市場發展，大幅擴展組織、購買新車，然而「投資總是有風險」，雖然經濟發展帶動旅客搭乘客運的需求，但是中山高速公路塞車的狀況卻越來越嚴重；加上鐵路電氣化、航空運輸蓬勃發展、自用車陸續增加，臺汽營運不再獨佔鰲頭，業績開始受到影響。

雪上加霜的是，臺汽除了必須肩負社會責任持續扛下不賺錢的偏遠路線，當時的臺灣省政府交通處又指示租用（斷）野雞車，本以為能藉此解決野雞車亂象，沒想到從此讓營運出現赤字。儘管臺汽試著精簡人事、裁撤票證所、機料廠和運輸處，依然無法力挽狂瀾，每個月董事長都苦惱著如何籌錢發薪水。

民營客運業者的夾殺，是壓垮臺汽的最後一根稻草。相較於外型樸實、咖啡色的臺汽中興號，外觀亮眼、內裝舒服的統聯客運，是臺汽最強勁的對手，前交通部常務次長、中華開發金控董事長張家祝有感而發：「由於國營企業民營化已是世界潮流，即使臺汽為臺灣交通付出很多，也得正視轉型、民營化課題，然而，一旦決定民營，必須妥善處理員工權益，因為對於臺汽員工而言，民營化等同公務員的鐵飯碗沒了。」

1994年開始，臺汽分階段轉移民營化，一路走得格外小心。前交通部高速公路局業務組科長吳志泳就回憶：「當年的同事不是申請退休，就是轉調其他單位，中午吃飯的夥伴一個一個消失。」高雄區監理所屏東監理站司機吳通

敏，從年輕開始就在公路局上班，他聽到臺汽要民營化，內心五味雜陳「大家都抱著走一步算一步的心情，要跟臺汽共進退。」

見證臺汽民營化過程的張家祝提到這段陳年往事：「政府拿出最大的誠意，向臺汽員工保證工作權、薪水，福利年資照舊，也協助集資成立客運公司，給予員工自給自足的希望。」和臺汽有著深厚感情的員工們，心也放軟下來，不再抗拒民營化。

2001年6月30日這一天，臺汽開出了最後一班車後，隔天7月1日隨即由原臺汽員工集資成立的國光客運公司正式接手臺汽大部分的路線和場站，這一刻，曾躋身全球第四大、東亞規模最大的臺灣汽車客運公司，優雅從容下台一鞠躬，從此以後，中央政府不再直接經營公路客運，民營化後的國光客運加入市場競爭行列，國道客運也進入百家爭鳴的時代。

剪不斷、理還亂 野雞車春風吹又生

回顧過往，野雞車之亂是促使臺汽民營化的關鍵因素，也是剪不斷、理還亂的社會現況。「臺灣經濟剛起飛時，客運需求很大，然而，臺汽大多只在白天發車，許多外出打拼的人，下班後才能返鄉，讓夜間客運的需求明顯增加。」首都客運董事長李博文談到：「當年為了疏運臺北三重南下高雄的夜快車，司機採沿途下客，有時候車輛出狀況，還得趕緊維修，或是找中繼站換車，根本沒有時間休息。」長期供不應求的情況，已然埋下野雞車的火種。

加上中山高速公路通車後只有臺汽擁有經營權，可是既有的班次不足以消

1 國光號 MCI 灰狗巴士行經舊臺中火車站，這一幕已成永恆。
2 遊覽車依規定必須停置車庫場內待客包租，不得外駛個別攬載旅客、開駛固定班車或擅自設置營業所站。
3 昔日在臺汽車站或交流道附近，都能看到五顏六色的野雞車招牌，寫滿通往全省各地的地名。

化過多的旅客，只要假日一到，火車、公路車票排了十幾個小時也難買到，有人因此嗅到了商機，開始購買大型遊覽車以跑單幫的方式招攬、載送客人，駕駛跑得勤快點，投資一部遊覽車約莫三年就能回本，還可以規避諸多稅費。

長途客運業從此吹起了歪風，1980 年代成了非法野雞車最猖狂的時期，政府堪稱蠟燭兩頭燒，不僅擔心民眾的行車安全，還要承擔野雞車對臺汽營運的影響，對於擁有合法營運權的其他客運業者更不公平。雖然臺灣省政府交通處曾大刀闊斧讓臺汽耗費 24 億鉅資，租斷 500 多輛野雞車，但是牌照依然屬於遊覽車業者，而這些廠牌、車況各異的遊覽車，也拖垮了原本賺錢的臺汽。諷刺的是，時隔五年後遊覽車業者以租斷的經費，購入更炫、更猛、更舒服的雙層大巴士，野雞車春風吹又生，再度橫行高速公路。

野雞車事故頻繁，民眾消費權益和安全都無法獲得保障，納稅人不禁要問，為什麼政府不管一管？細探之下才知道有「不能說的秘密」。原來，野雞

什麼是野雞車？

臺灣的所謂野雞車，是指在公路客運路權及牌照高度管制下，業者違規以遊覽車或自用大客車行駛固定路線，並向不特定旅客售票提供客運服務之行為。光復初期，由於日本官方遺留的部分車輛流入民間，加上當時正規客運服務與需求間存在落差，始有此種體制外的服務型態，南北高速公路通車後，更大行其道。1990 年代過後，由於國道路線全面開放民營，許多原本經營野雞車的業者，都已納入體制合法經營，加上公路總局嚴格取締，目前野雞車已然式微。

車的靠山不乏省議員或是地方勢力，背後牽扯龐大經濟利益。當年致力整頓野雞車，只能把個人生死置於度外的張家祝，語重心長地說：「國道客運必須開放市場競爭，服務、運能才能提升，與其讓野雞車無法可管，不如由政府制定一套遊戲規則讓業者遵守，日後若有心投入市場，也能有法可依，有章可循。」只是，下決心容易，執行起來卻千頭萬緒，除了靠智慧，還要天時、地利、人和，缺一不可。

第一家民營國道客運公司「統聯客運」 正式上路

當市場傳出國道客運業務將開放的風聲，野雞車業者大舉雙手贊成，樂觀認為可以「就地合法化」，彷彿睡一覺起來，就能自動從非法晉身合法之林。此時，以臺灣客運教父、三重客運董事長李炳盛為首的合法公共汽車客運業者則認為，守法的業者理當有優先爭取的權利。

「市場都在討論要開放幾個名額？其實數量不是重點，而是有多少業者能達到合理標準」，張家祝認為與其拉高標準，卻發現沒有業者能達標，不如輔導體質健全的公共汽車客運業者組成聯合公司，但是派系林立、各據山頭的野雞車業者，卻難以達成共識。

張家祝提到，每次召開協調會都像在辦武林大會，一邊是穿西裝打領帶的

合法公共汽車客運業者，另一派則是穿吊嘎、夾腳拖的野雞車業者。李博文清楚記得和父親李炳盛一同出席協調會的現場，「沒有一次開會不吵架，三不五時就會有人拍桌、跳上桌面，閩南語三字經滿場飛更是家常便飯」，聽他描述，彷彿還能感受到當時劍拔弩張的緊張氣氛。有趣的是，喜歡吃牛排的李炳盛，一周有好幾天會到大稻埕民生西路上知名的肯塔基西餐廳用餐，李博文回憶，「當時牛排館每天中午都會保留十人座位，就是為了方便父親李炳盛喬事情、協調各方意見。」

爭執不斷的協調會轉眼過去大半年，張家祝下達「政府只會輔導一家業者」的最後通牒，最後一次的松山機場會議現場，交通部將資產折價、股份認購、場站路線經營等規則清楚公告，以李炳盛為首的客運業者全數參加，野雞車業者則有半數同意加入。

原以為能圓滿收場，沒想到還有另一個小插曲。各方人馬為了公司命名爆發激烈爭執，有人想要私心沿用既有公司名稱，有人提倡表達愛國情操的「中華復興」、「中正客運」，還有人突發奇想認為只要命名「經國客運」，絕對沒有警察敢取締。為了避免會議再開三天三夜，李炳盛登高一呼推舉張家祝出面，張家祝憶起留學時對美國西北鐵路路權、營運問題的印象，取其「統率四方、聯合經營」之意的「統聯」二字靈光乍現。

1989 年 9 月 6 日，「統聯汽車客運股份有限公司」正式成立，除了在臺灣公路客運史留名，這個全國第一家合法民營的國道客運公司，也和當時的臺汽共同開啟公路客運的戰國時代。

請問您搭的是哪一部客運？

「乘著金馬特快車，馳騁在美麗的福爾摩沙。」
在國光客運公司推出的彩繪紀念郵票上感性寫著。
老一輩的人，離鄉背井到外地打拼、與親友開心出遊，
「公路局」是便捷、舒適又安全的交通選擇，
數十年來，旗下的普通車、直達車、金馬號、金龍號、中興號和國光號，
從城市到鄉間、偏鄉郊野乃至國境之南，交織成一張環島公路網，
以前的新婚眷侶若能搭金馬號蜜月，更是人人稱羨的夢幻假期。

————

　　「各位旅客好，歡迎搭乘本公司的對號車，今天的『金馬號』將從臺中出發前往花蓮，車程約七個半小時，中途分別在谷關、德基、天祥停靠休息五分鐘……」前金馬號小姐卓京紅緩緩唸出充滿回憶的播報詞。在 2020 年這場紀念「中橫開通一甲子・金馬風華躍長虹」活動中，她和其他金馬小姐曠蘭美、林芸如等人，受邀來到谷關中橫牌樓，換上當年的制服，帶領眾人重新回味這條象徵臺灣公路開拓史的東西橫貫公路，鏡頭後方，則是參山國家風景區管理處和公路總局、臺中市政府、豐原客運合作塗裝的 865 公車，復刻版的「金馬號」。

　　在北迴鐵路開通前，旅客要從西部經中橫前往東部，金馬號是最佳的選擇，對許多臺灣人而言，中橫公路的沿途風光和服務親切的隨車服務員金馬小姐，更是記憶中美好的回憶。

1946年木造車身客車

1951年金屬車身客車

1955年日野柴油客車

1958年五十鈴柴油客車

1959年金馬特快車

1962年第一輛冷氣客車

1974年金龍號客車

1976年中興號客車

1978年MC8國光號

2001年大宇國光號

1　現任國光客運臺中朝馬站站長的曠蘭美 (左) 和卓京紅，在豐原客運復刻版的金馬號，重現當年服務情景。

2　穿著臺汽服務員制服的曠蘭美，也曾接待過林洋港先生。

3　早年嘉義縣公車處的尖頭公車，也配有所謂的車掌小姐服務人員，行經縣 159 線與阿里山森林鐵路的平交道，車掌小姐必須下車瞭望，以確保行車安全。

4　金馬號的隨車服務員，被形容是萬中選一，選上了還要經過儀態和口條訓練。

5　南投客運公司主要經營埔里地區路線，青黃相間的塗裝，及服務山地居民的熱誠，幾十年來都未曾改變，南投客運公司提供。

6　蘇花公路單線通行的年代，是由公路局的金馬號班車打頭陣，其他等級的班車及各類民用車輛則依序在後，以車隊編組方式前行。

7　1980 年代鼎東客運公司的班車行經臺東大橋，當時自用小客車不多，路上大多只有機車和腳踏車，客運班車則是擠滿旅客，堪稱是開門就賺錢的黃金時代。

氣派的金馬號　萬中選一的金馬小姐

　　早年公路局的車種中，票價最平易近人的無空調普通車，主要服務通勤族，大站小站都得停，是公路局草創時期的開路先鋒；另一種直達車，行駛旅客較集中之路線，但僅停靠自設站或旅客較多的停車站及招呼站。

　　1950 年代開始，公路局陸續採購金屬的車體巴士以取代舊式的木造車身。參考臺灣鐵路局 1957 年引進的坐臥兩用車，公路局也在新購的部分柴油客車上，加裝坐臥兩用椅，配合八二三炮戰我軍大捷之時代背景，命名「金馬號」。車身有一匹飛躍帥氣的立體金馬，發車前司機總會把金馬擦得晶亮晶亮；車內則配備電風扇、冰箱及收音機，並於起站灌入冷氣，乘客不乏西裝筆挺的仕紳政要與時尚淑女。

　　金馬號所以讓人津津樂道，隨車服務員金馬小姐功不可沒。國光客運朝馬站站長曠蘭美，談到 21 歲報考金馬小姐，眼神依然閃亮，她形容，當年身穿藍色窄裙制服、頭戴船型帽、肩背黑色背包的金馬小姐，是少女的偶像、男生的夢中情人，臺灣運輸界的順口溜「天上飛的是中華，地上跑的是金馬」說的就是金馬號。

　　曠美蘭回憶說：「錄取率比大學聯考還低的金馬小姐，一來薪水高又是鐵飯碗，還能接受美姿美儀、播音訓練，吸引無數少女追夢。」報考時，除了高中以上學歷門檻，身高要超過 160 公分、體重在 55 公斤以內，還不能有近視、不怕暈車，當年，家裡出一個金馬小姐，全家都跟著驕傲。年紀輕輕就接待過林洋港、郝柏村以及臺灣省政府光復晚宴外賓，工作之餘還能增廣見聞、遊覽臺灣好山好水，受益良多。

　　然而，撇開金馬小姐的亮麗外表和高薪印象，這份工作並不輕鬆，除了剪票、協助司機倒車和靠站、遞送報紙和茶水、介紹沿途風光，到站之前還得預先提醒客人，隨時都要上緊發條，加上金馬號是長途客運，一出門就超過八小時，父母心中多有掛念。「有時還會遇上道路坍方，不知道何時能搶通，我們都必須保持鎮定，安撫照顧旅客。」許多金馬小姐甚至練就在行駛道路上倒熱茶的好功夫，憶及過往點滴，曠蘭美說：「金馬號猶如我的第二個家，而客人往往就像良師益友。」

　　風靡數十年的金馬號，一直行駛到 1987 年，最後在臺汽第四運輸處的高

1

東線上退役，在公路客運史上立下不少汗「馬」功勞。歷經公路局、臺汽和國光客運三個世代的曠美蘭，以美好的青春見證了臺灣公路客運的發展史，在她心中「公路客運是無可取代的存在。」

第一部冷氣客車金龍號　臺灣親手打造的中興號

車身有一條金龍浮雕的「金龍號」，於 1970 年問世，是公路局首次將冷氣車運用於定期班車。在公路局的黃金年代，搭金馬號和金龍號到臺灣各地旅遊，是當時最奢侈、熱門的休閒活動，直到 1976 年更豪華舒適的中興號推

出後，有冷氣但服務較次的金龍號定位相形尷尬，最終相關車輛於 1982 年全數降為普通車使用，並拆除金龍浮雕。但金龍號這一等級，卻在臺汽公司租用（斷）的野雞車上，以代金龍號之名義，一直使用到 1984 年。

隨著南北高速公路陸續分段通車，1976 年公路局推出更高級的冷氣客車「中興號」。首批採用西德賓士 OF-1417 型底盤，乘坐舒適度極佳，棕橘雙色的車身塗裝，更成為當時公路局的招牌車種。由於 OF-1417 型底盤性能優異，從公路局到臺汽時代，先後採購了五批之多。

擁有機械工程背景、2021 年才從交通部高速公路局業務組退休的前科長吳志泳，任職臺汽時期，也參與過其中一批的車體打造。「你們知道以前客運的地板都是檜木鋪設的嗎？」吳志泳一邊翻閱資料，一邊分享從公路局、臺汽到國光客運時代，每種車款的特性、車身結構、引擎馬力和內裝設計，很難想像一開始他連設計圖長什麼樣子都沒見過。學校畢業後參加普考被分發至臺汽機料廠技術品管室的他，因緣際會跟著副工程司王齊一起跑機料廠，學習設計、打造中興號，誤打誤撞展開 30 年的「打車」人生。「臺汽培養許多人才，也背負很多責任，最重視的，除了安全還是安全。」為確保運輸安全，臺汽的採

1 初代中興號採用賓士底盤在臺打造，棕橘雙色塗裝曾是臺灣大街小巷不可或缺的風景。
2 公路局 1962 年引進西德賓士冷氣客車，是全局最早的冷氣客車，最初僅作包車及接待外賓使用，後來也加入金龍號車隊營運。
3 中興號的縮小模型是車迷珍貴的收藏。

購傳承自公路局的「最有利標」，添購的車款都經過精挑細選，1950 年代起開始向國外採購金屬車體巴士，引進美國、德國、日本車款，後來又依據機場路線、山區路線，陸續購入引擎設在中間的 VOLVO B10M、短底盤的日本國瑞、VOLVO B57 等車款，由於每種車款配置不同，吳志泳只好重新畫設計圖。他提到，過去臺汽在樹林擁有占地九公頃的機料廠，負責倉儲和客運裝修，也是孕育中興號的場域。1983 年，臺汽向西德賓士購買 615 輛 OF-1417 型底盤準備打造第五批中興號時，總公司直接指派工程師跨海來臺一對一教學。累積多年

1 國光號 MCI 灰狗巴士在日月潭水社壩留下美麗的身影。
2 國光客運曾經發行 MCI 灰狗巴士圖案的紀念車票，成為灰狗迷的熱門收藏。
3 公路局 1977 年推出的五十鈴 BF-50 中型金龍號，專門服務偏遠山區路線，宋文泰提供。
4 國光號灰狗巴士迷在草地上排列出 MCI 英文字樣。

2

1

的歷練加上豐富的「西方取經」心得，吳志泳終於為臺汽成功打造出中興號。
「中興號最早都選用檜木地板和強化玻璃，規格超強。」吳志泳點出的中興號
特色還包含坐臥兩用絨布椅、大功率空調和四聲道音響等設備，以及最重要的
「安全」係數，才能一推出立即成為臺汽國道上的主力車款。

　　當時，舉凡臺汽出廠的巴士都必須通過工研院安全標準檢測，且以美國校
車安全係數為標準，是一般轎車和巴士的 40 倍。後來新一代的國瑞 LCM8SA
型中興號經過檢測後，車內降噪數值比日本原廠還低，日本總公司曾經想跟臺
汽「借」內裝設計圖參考，難怪吳志泳的兒子看見行駛而過的中興號，會驕傲
大喊：「中興號是爸爸做的！」

　　棕橘塗裝的 OF-1417 型中興號，總數量高達 1112 輛，曾遍布臺灣各大
街小巷，直到 1997 年全數退役，由國旗色塗裝的新中興號繼續接棒。至於民
營客運業者的四排座冷氣客車，也比照中興號收費。目前中興號仍是一般公路
客運及國道通勤路線的主力，但已從當年最高級的車種，演變為現在最陽春的
車種。

永遠的客運之王 MCI 開創的國光號傳奇

　　提到「國光號」這一等級，就不得不提及擁有「國道車王」和客運界「勞
斯萊斯」稱號的 MCI 高級整體客車。這款車型不僅見證臺灣經濟起飛的年代，

1 國光號的隨車服務員，親切地向旅客介紹行車資訊。
2 忠實的灰狗迷，長年關注國光客運各種活動，追著老灰狗全國跑透透。
3 Q 版的國光號迴力車，在灰狗巴士退役後，顯得特別稀有。

乘載著異鄉遊子們的回憶，也在臺灣公路客運史上留下一頁傳奇。

隨著 1978 年南北高速公路全線通車，公路局的「國光號」正式上路，初期採用向美國灰狗巴士公司採購之 MCI MC-8 型高級整體客車，當時每輛車含稅價格即高達新臺幣 800 餘萬元，超過臺北市區一棟透天厝的價格，但是貴得有道理！吳志泳指出，MCI 客車從底盤到外觀車體皆為不鏽鋼一體成型，安全、堅固、耐用，「保養得宜幾乎不會壞，即使發生翻車意外，車體也不會散掉。」，當年美國公司還想來臺親自表演翻車，證明對自家車子性能的信心。

由於 MCI 國光號配置超大馬力的八汽缸引擎，加上車身結構紮實，22 歲進入臺汽擔任駕駛，累積經驗超過 36 年的高雄區監理所屏東監理站駕駛員吳通敏說：「無論颱風天、下大雨，國光號都穩如泰山，一點也不晃。」除此之外，MCI 國光號的車身、座椅和椅套都是防火材質，而且車窗皆可往外推，具備逃

生功能。加上引擎採後置設計，行駛時幾乎沒有噪音，車體下方的空間還能擺放大型行李，「車上的盥洗室更是乘客的一大福音」。同時，早年的國光號也有隨車服務員提供服務，從臺北西站一路坐到高雄東站，沿途都能享受茶水、毛巾、報紙等服務。

基於安全考量，想要駕駛 MCI 國光號必須經過升等考試和受訓，駕駛員的身高要超過 165 公分，體重不能低於 50 公斤，原因是這部巴士設計上是以西方人的身材為準，體型太嬌小會影響視角廣度，也無法幫搬運行李。

最能代表國光號的 MCI 高級整體客車，在國道上飛馳 37 年，見證了臺灣經濟起飛的時代。最後一批 1992 年製造的 96A3 型客車，由於具有超大行李箱，末期降為中興號配置在桃園機場相關路線，直到 2016 年退出定期班車營運。國光客運公司保留狀況較好的七輛，其中兩輛轉贈公路總局，現在分別停放公路人員訓練所本部及南部訓練中心。退役前，該公司特別舉辦告別特展，邀來昔日隨車服務員等老戰友，和灰狗迷一同搭乘五輛MCI國光號展開最後巡禮，依依不捨地和老灰狗巴士說再見。

最難駕馭但最安全的 MCI 灰狗巴士

「灰狗巴士」原本是美國的長途巴士公司名稱，公路局「國光號」因首批係與該公司訂約採購，由旗下 MCI 車廠製造，與美國當時使用的車型相同，因此被暱稱為「灰狗巴士」。除了 MCI 客車以外，國光號還曾使用飛鷹、賓士等廠牌之車輛，也曾租用野雞車業者的飛雅特、雷諾等廠牌大客車代國光號行駛，其定義為原裝進口之高級整體客車。
一直以來，民營客運業者的客車等級係以公路局與臺汽作為基準，分別核定為普通、直達車級、金馬號級、金龍號級或中興號級。國道客運開放民營後，三排座椅大客車核定為國光號級，以國光號運價為收費上限。後期的臺汽公司因為經費有限，不再設限原裝進口車，民營化前的最後一批國光號，改為購買韓國大宇底盤，由唐榮鐵工廠在國內組裝，然後設置三排座椅，依然是國光號等級。
從初階普通車、考試進階至中興號，再升等到最高級別的國光號，資深駕駛吳通敏幾乎開遍臺汽購自美國、日本、德國的車款，心得是：「灰狗巴士最好開，但也最難開。」所謂的「難」是指巴士的後視鏡是平面鏡而非凸面鏡，且尺寸較小，駕駛員必須移動身體才看得清楚，可以避免長途駕駛打瞌睡，隨時保持高度專注力，雖然較難駕馭，卻相對更安全。

想為您開一條客運路線

照顧人民的食衣住行是國家的責任，在交通需求上，
首要保障的就是「行的權利」，換句話說「公路到哪裡，客運服務就到哪裡」，
這不是一句口號，而是公路總局一肩擔起的責任，
如果把道路比喻成一條魚，國道、公路和各種運輸服務便如同魚骨，
串起大城小鎮的交通網，肩負全體國人行的權利。

———————

　　無論是銜接臺灣東西部的東西橫貫公路、縱貫臺灣西部沿海地區的台61線、引領經濟起飛的中山高速公路，或是被譽為「史詩級」的蘇花公路、簡稱蘇花改的蘇花公路山區路段改善計畫，臺灣近百年重要交通運輸工程，都能見到公路總局參與其中。對於公路牧羊人而言，開路是一條艱辛漫長的建設過程，而開一條客運路線，則需要精準布局、詳實規劃，從路線走向到站位設置，每個環節皆以用路人的需求為出發。

　　如今，我們能搭乘客運自由自在地旅行，沿著環島公路遊賞好山好水、穿梭鄉鎮小路探索寶島之美，全賴公路總局最初在圖紙上繪製的線條。想進一步將「點」串成「線」，再拓展到「網」，必須透過眾人齊心協力反覆修改、不畏風雨實際探勘，才能將「紙上談路」化為現實，建構出具備大眾運輸功能的客運路網。

北花線
TPE to HUN
SHUTTLE BUS
回遊號

北花線
TPE to HUN
SHUTTLE BUS
回遊號

公路到哪裡　客運服務就到哪裡

　　如何讓民眾快速、便利直達目的地，是客運服務的最高準則，公路總局運輸組運輸計畫科科長陳俊宏談到，只要運具可以到達，就有機會帶動地方繁榮，但是，並非家家戶戶都有車，若要照顧國人行的需求、促進城鄉發展，就必須仰賴公共運輸。

　　公路客運服務依據特性分為國道路線和一般客運路線，國道路線訴求「快和準」的城際點對點服務，停靠站點不能多；一般路線則以補足運能、服務民眾和基本民行為訴求。客運路線開闢與否，主要由客運業者依據市場供給需求提出申請，再由交通部、運研所、公路總局、 高公局、北高市政府和相關學者專家所組成的「公路汽車客運審議委員會」審議，依據客運路線、 營運規劃、票價費率計算以及路線補貼等事項，進行通盤健檢，並且實地勘查 路線狀況、停靠站點和供給需求。

　　儘管人人都希望「我家巷口有站牌」，但公路總局並不過度干涉客運路線的停靠站點，因此，除了明文規定的停靠站以及各站間距 500 公尺的要求，提出申請的客運業者可以自行評估、判斷站點的設立位置，至於站牌命名，也多以地名或公家機關、學校、市場等知名度較高者為原則。由於站點設立，不僅影響使用者的便利性，也和地方發展息息相關，越是交通不便的地區，大家越

1 公路總局配合觀光局闢駛的台灣好
　行服務，深入各主要景點，滿足
　國民旅遊之需求。
2 搭乘公路客運欣賞太魯閣峽谷風
　光，是最安全舒適的選擇。

是錙銖必較，鄉長、里長都要為居民的權益，爭取再爭取，過去，就曾發生基隆某條路線在里長伯的遊說下，在市區繞來繞去、站站都停，結果，早已失去直達車的本意。因此，每回公路總局實地勘察，都會邀請地方政府負責人和里長陪同，確認沿線涵蓋人數，順便調查選擇搭乘大眾運輸的意願。

　　此外，公路總局臺北區監理所運輸管理科科長張東閔也提到：「在送交審

運價計算機制 遵守 18 項成本規則

無論車款多新穎、服務多頂級，客運業者的車票都不能坐地起價。那麼，客運運價究竟如何訂定？其實有一套機制，必須參照交通部訂定之 18 項成本計算，其中包含輪胎、燃料、行車人員薪水、維修和站務人員薪資、車輛和設備折舊率、管理費用、通行費、場站租金、稅捐費用等，先依照各項成本核定比例加總，並按照成本加成率，計算出「核定運價上限」，成了票價對外販售的最高上限。客運運價原則每兩年檢討一次，此外當油價漲跌達到一定幅度時，還必須啟動運價臨時調整機制。因此，公路總局負責該項業務的同仁，隨時都得監控油價、掌握市場狀況，以確保消費者和客運業者的權益與公平性。

1 車身以八個色彩圓潤的花蓮七星潭鵝卵石，象徵
　蘇花改全線貫穿八座隧道，圖為統聯客運。
2 導入減法美學的北花線-回遊號，從白色座椅到各
　種指標設計，充分讓視覺減壓，圖為統聯客運。
3 北花線-回遊號是全臺首創將客運路線「品牌化」
　的示範，圖為首都客運。

議會的客運路線評估調查研究報告中，也會加入『手機信令』，希望藉由更精準的實際人口數據佐證，來防止浮報幽靈人口，也避免路線通車後載不到客人的窘況發生。」規劃一條客運路線，不僅需要善用科技取得有效參考數據，還要發揮以人為本的精神，兼顧民眾權益與需求，每個步驟和環節都要經過縝密的布局和周詳的研擬。

啟動公運美學計畫 「北花線－回遊號」是美麗的偶然

多年來，開創一條全新的客運路線，對公路總局和客運業者早已駕輕就熟，然而，如何在路線中導入「品牌概念」、「設計美學」，不僅是全新創舉，更是一大挑戰。往返臺北和花蓮、結合回家及遊玩概念的「北花線－回遊號」在2020年初啟用後，兩地之間也多了一道美麗的公路風景。

談到北花線－回遊號，不能不提蘇花改，這項蘇花公路山區路段改善計畫完成後，全長38.8公里，共有八座隧道、十多座橋梁，是公路總局近年最受矚目的公路建設之一，2018年2月蘇澳至東澳段率先通車，2020年1月6日

3

開放全線通車。建造過程中，公路總局便思考，要開一條什麼樣的客運路線，讓大眾感受到蘇花改的便捷與氛圍？

2019 年底，交通部公路總局與經濟部跨部會合作，透過台灣設計研究院的協助，將設計美學導入公路運輸服務的「北花線」，由首都客運、臺北客運及統聯客運共同營運。公路總局主任秘書林福山談到與台灣設計研究院的合作契機，稱之為「美麗的偶然」，最初是經由前交通部部長林佳龍得知這個國家級的設計研究院，後來因緣際會有了進一步合作。

歷經五個多月的客運美學改造，「北花線－回遊號」純白車身以八個色彩圓潤的花蓮七星潭鵝卵石，象徵蘇花改全線貫穿八座隧道，令人眼睛為之一

早年的公路也有門禁

1980 年代以前，蘇花公路僅能單線通行，只有白天的特定時段開放行駛。公路局第四區運輸處（後改制臺汽公司第四運輸處，復由公路局第四區養護工程處接辦）為了確保車輛交通安全，大家都得乖乖排隊。公路局經驗豐富的駕駛員，還得扮演巡路人的角色，負責每天頭班車的領頭、末班車的押車工作。當最後一班公路局的班車經過後，蘇澳及崇德管制站就會放下禁行柵欄，不小心錯過，只好「明天請早」。

亮，外觀設計蘊藏「公路總局突破難關建造出一條安全的運輸路線」的深層意涵，內部空間則運用減法美學讓整體視覺降壓、色彩和指標極簡化、搭配淡藍色暖光的襯托，營造零壓力的空間，讓旅客搭乘時有最舒適的感受，把焦點放在窗外的風景。最貼心的設計，還有中英文雙語及圖示化，讓國際旅客能享受最友善的搭乘體驗。

北花線－回遊號通車後，為了保障客運業者營運權利、鼓勵大眾搭乘，陳俊宏強調，公路總局除了在票價給予補助，連續假期則提供大客車優先通行路肩的權利，未來，對這條路線的期許是，平日以通勤為訴求，假日就是觀光的主力。

公路總局副局長黃運貴以自己的經驗舉例，「有次我到關西服務區路檢，看見司機穿得很整齊，我就稱讚『大哥您真的很棒』，對方說他自己對國內遊覽車生態也頗有感，不僅需要公部門的指導，也仰賴相關從業人員的自主管理和提升。」他強調，只要讓駕駛以這份職業為榮，「相信他提供的服務品質會很不一樣。」北花線－回遊號就是最好的實例，駕駛們在美學潛移默化下，從駕駛行為、保養觀念到穿著氣質，都有顯著的改變。林福山同時提到，北花線的諧音是「被發現」，希望透過美學設計和品牌行銷，讓這條客運路線的沿線山林之美及車輛之美都能被民眾發現。

1 被形容是「最美公路移動風景」的北花線 - 回遊號，圖為首都客運。
2 宜蘭礁溪轉運站緊鄰繪本藝術家幾米的兔子雕塑公園。
3 公路總局鼓勵客運業者以符合地形環境的車輛運營，讓中小型巴士充分發揮效益，圖為南投客運。

大車換小車 讓運具和運能發揮最大值

　　開一條全新的客運路線，除了考量地方需求、票價成本、站牌設立，「運具」的選擇也是重要因素。當年蘇花公路開放單向通行，大巴士過彎時經常險象環生，小客車駕駛遇上前方有大客車又逢上坡路段時，總是捏一把冷汗。公路總局運輸組組長王在莒便指出，「以前公路總局都是以大客車作為運具，但山區道路狀況差，風險相對提高，輪胎耗損率更驚人。」與其增加大客車折舊率和風險，不如改變思維以符合地形環境的車輛運營，讓中小型巴士充分發揮效益，間接降低營運成本，反映在票價上就更親民了，於是，鼓勵業者「大車換小車」。

　　面對現實的營運考量，公路總局除了協助業者進行車輛汰舊換新、服務升級外，也同步思考如何增加民眾搭乘意願，「轉運站」的概念與設置，應運而生。「如果把臺灣的公路系統比喻成魚骨，國道、高鐵、臺鐵路線猶如主魚骨，轉運站就是串連骨架的節點。」民眾可以透過大型運具到達轉運站，再轉乘其他交通工具前往目的地，公路客運、市區客運和計程車，就像魚骨延伸出去的大刺，而偏遠鄉鎮的幸福巴士、幸福小黃，就是更細微的小刺，透過這種層級分明的公共運輸模式，無論運具和運能，都能發揮最大價值。

幸福巴士 實現行的正義

偏鄉之所以為偏鄉，除了地理位置遙遠，
還涉及各種層面的弱勢，為了讓偏鄉居民也能享受到「行」的便利，
徹底落實「行」的正義，中央與地方、業者攜手合作，
透過 DRTS、幸福巴士和幸福小黃將最後一哩路「補起來」，
為偏鄉居民鋪陳幸福的回家之路。

————————

　　因為不堪長年營運虧損，2007 年 12 月 11 日臺灣南部五家客運業者自行宣布 22 日起，停駛 150 條南部地區偏遠路線，即使政府祭出補助獎勵，依然無法阻止客運業者的決定。「一夜之間消失了 150 條客運路線。」對於有公路就有服務、使命必達的公路總局而言，第一次面對如此棘手的狀況。

　　城市居民對大眾運輸交通習以為常，很難想像臺灣至今仍有許多公車、客運無法抵達的偏遠地區。城市短短一公里，對偏鄉民眾來說卻是遙不可及的一哩路。為落實偏鄉「行的正義」，並導入非傳統的公共運輸服務方式，公路總局在 2016 年試辦 DRTS 計畫，從全臺挑選公共運輸涵蓋率較低的 10 個縣市、共 12 個鄉鎮優先推動，為偏鄉提供另一種服務模式。

從 DRTS 到幸福巴士 在地人服務在地人

公路總局副局長黃運貴提到，DRTS 在國外行之有年，「可以說是轉換另一種模式來服務偏鄉民眾。」除了編列經費補助鄉鎮公所購買車輛，也希望透過「在地人服務在地人」的觀念，讓這項服務真正發揮在有需求的人身上。

其實，公路總局主任秘書林福山早在擔任監理組組長時就發現，每到年終有兩項業務都會被拿出來檢討，第一項是偏鄉公共運輸，每年編列大筆經費補貼，業者依然營運不佳；第二項則是偏鄉地區取締違規白牌車業績不彰。「虧損補貼」和「取締違規白牌車」看似不相關的兩項業務，其實就如「雞生蛋，蛋生雞」，於是，林福山思考，偏鄉公共運輸能否以不同方式推動，讓經費補助發揮最大效益，「哪些地方需要巴士？或是可以大車換小車，導入預約計程車？」並且落實「讓在地人服務在地人」的理念，保障偏鄉行的正義。

這些想法始終放在林福山的心中，與其長年編列預算補貼業者，不如針對地方實際需求，讓經費真正發揮效果，同時又能解決違規營業問題，一加一成果遠大於二。他也認為，「在地人服務在地人」也隱含「資源共享」的概念，DRTS 並非專用資源，而是投入閒置資源，發揮更大的效益，「很多原鄉部落的長輩只會說族語，如果駕駛員或志工來自同個地方，乘客感覺自在外，情感連

1 來義鄉民對於幸福巴士提供的溫暖服務很有感。
2 前交通部部長林佳龍（右）、公路總局局長許鉦漳，出席滿州鄉幸福巴士 2.0 的啟用典禮。
3 幸福巴士為春日鄉民串起最後一哩路。

結更為深刻。」

「錦上添花的事可以少做，雪中送炭的事情可以多做。」DRTS 落實後，交通部政務次長、前公路總局局長陳彥伯看見它的實質成效，但認為 DRTS 這名詞太過學術，笑著說必須換個名字，「就叫『幸福巴士』吧！讓幸福旅程由此展開。」2019 年也被稱為「幸福巴士元年」。

臺中區監理所副所長馮靜滿同樣有感而發，九二一地震、中橫路斷之後，梨山成了「本島中的離島」，多年來始終不良於「行」。如果將客運比喻為人體動脈，開進原鄉的幸福巴士就像是最末端的微血管，串起居民返家的最後一哩路，她堅定地說：「即使搭乘的人數沒有城市多，但我們看的不是這條路線賺不賺錢，而是當地民眾是否有感。」公路總局要讓公共運輸服務從無到有，好，還要更好。

什麼是 DRTS？

DRTS（Demand Responsive Transit Service，需求反應式公共運輸服務），是以使用者導向為出發點，配合當地需要而彈性提供運輸服務，提升公共運具的使用率，顛覆傳統一輛大車跑到底的觀念，有別於以往公車是固定班次、固定路線，即便知道沒有人坐也要開班，行駛服務路線也不能改變，缺乏彈性，DRTS 可以透過事前預約來搭乘，也可以彈性調整路線，可提升公共運具的營運效率。

有了幸福巴士 春日鄉再無中輟生

　　36歲的李浩然駕著25人座的中巴，沉穩地行駛在春日鄉的崎嶇山路上，這條開了兩年的山路，每個轉彎、每次上坡，對他而言再熟悉不過。上午，他的同事剛把十多位前往枋寮醫院就醫的長輩們安全送回家；下午，他的任務則是在力里國小放學前，提前到校等著將村裡的孩子平安載回家，就醫、就學，一直都是春日鄉民最迫切的需求。

　　坐落在屏東縣東南部的春日鄉，居民多為排灣族，自從公路客運民營化後，春日鄉就像被遺忘的村落，無法享受公共運輸的服務。原本擔任國小教師的春日鄉鄉長柯自強，有感於春日鄉的國中學生為了前往枋寮等城市就學，必須冒著違規騎機車的安全風險；各村長輩身體不適，卻因為計程車收費過高而忍痛不就醫，當上鄉長後的首要任務，就是為鄉民解決行的問題。

首先，他率領鄉公所人員，自發性深入盤點春日鄉七個村子的醫療、就學需求，並主動向高雄區監理所屏東監理站提出申請，規劃一條開往士文村的就學巴士路線。當第一班車於早上 6 點抵達士文村時，遠遠就看到 Vuvu（排灣族對長輩的稱呼）牽著孫子的手，與教會牧師一同等候，「看著孫子上車，Vuvu 流下開心的淚水，因為家裡的孩子又能上學了。」柯鄉長清楚記得，巴士出發前，牧師還帶領眾人一起祈禱，人人都感受到滿滿的幸福感。

在高雄區監理所屏東監理站同仁以及柯鄉長齊心努力下，春日鄉在 2015 年獲選為公路總局全臺 12 個 DRTS 試辦區之一，並順利轉型為「春日幸福巴士」，如今春日鄉有七人座車兩台、八人座租賃車一台和無障礙中巴兩台，共有六條「北三村」和「南三村」系列路線，鄉公所課長李小花、課員何桂英和駕駛員們，多為在地鄉民，真正落實在地人服務在地人。

實施六年來，從國小新生到 70 歲以上長輩都是愛用者，春日鄉公所還特別發行專屬「春日一卡通」，免費發送給鄉內所有就學兒童，柯鄉長提到推動幸福巴士最令人欣慰的一件事：「自從有了就學巴士，士文村再也沒有中輟生了。」

1 春日鄉士文村的孩子每天一起搭乘幸福巴士上學，沿途都開心。
2 春日鄉柯鄉長以鄉民需求為出發，超前成立車隊服務鄉民，後來正式轉型幸福巴士並推出特定的春日一卡通。
3 每周固定兩天接送長輩前往市區就醫。

來義返鄉青年串起幸福之路

　　緊鄰春日鄉，同為排灣族聚落的來義鄉，在 2019 年推出第一台無障礙幸福巴士，接送鄉民前往屏東基督教醫院與枋寮醫院就醫，但是，僅此一台中巴，不僅運能不足，也經常受限於山區道路狹窄，無法深入部落服務。後來，在高雄區監理所和中山大學高屏澎區域運輸發展研究中心媒合下，2020年獲得私人企業捐贈一台八人座的小型巴士，全黑的車身以排灣族特有的圖騰彩繪裝飾，命名為「黑炫風」，從此，長輩無論前往屏東市、潮州鎮就醫或採買，都能乘坐這台外型酷炫的小巴。

　　負責駕駛黑炫風的京武是出生於來義鄉來義村的 26 歲青年，感念於經常往來各個村落向著老們學習族語和傳統歌謠和技藝，希望透過自身力量為部落盡一份心力，看見鄉公所招募駕駛員資訊便自告奮勇應徵，「駕駛黑炫風需要

1 來義鄉的耆老與鄉民，深刻體會幸福巴士帶來的幸福感。
2 負責駕駛黑炫風的來義鄉青年京武(中)透過自身力量為部落盡一份心力。
3 來義鄉的幸福巴士名為「黑炫風」，全黑車身以排灣族特有白色圖騰彩繪裝飾。

具備職業駕照，所以通過面試後趕緊去『升級』。」京武笑說筆試一次就過，但是因為準備不及，路考考了三次才過關。

　　黑炫風原本規劃上午為就醫服務，下午負責接送長輩前往文健站學習，但是經常在車上和長輩聊天的京武發現，有些長輩喜歡下午看診和復健，或是習慣前往特定診所看診，「不同村子的長輩有自己信任的醫生」因此長輩常會問京武能不能稍微「換」一下路線，貼心的京武將需求回報給來義鄉公所社會課課長陳慧娟，兩人經過討論、計算核定里程數後，增加了下午的看診班次，出車服務時京武也會隨時注意，靈活提供菜市場購物、辦手機、修手錶的附加服務。

　　除了透過電話預約黑炫風，部落的長輩也會使用智慧型手機，因此特別開設「來義鄉公所幸福小巴 Line 群組」，固定在出車前一天透過群組詢問，長輩們會接續喊「加1」回覆。京武說：「以前 Vuvu 只能叫計程車，來回車資就超過上千元。」有了幸福巴士後，票價相對實惠，省下不少生活費。屏東縣政府每個月還會提供 330 元的敬老乘車優惠補助，有時月底還沒到，補助費就提前

用完，這時，京武會笑著對長輩說：「這次搭車要付現金了。」而大家總是很樂意付現來支持。

　　京武除了每天透過照片與影片，向高雄區監理所、鄉公所的共同群組即時回報當日用車情況，也鼓勵鄉民多多利用屏東縣政府智慧關懷計劃的「乘車愛心GO」服務，以手機加入車上的「乘車愛心GO」成為Line好友後，只要完成親友綁定獲得專屬條碼，每次搭乘時輕鬆掃描乘車碼，親友就能透過系統掌握搭乘者的定位，遠端關心家人。

　　黑炫風上路一年來，目前規劃了潮州、枋寮、屏東基督教醫院等路線，未來有機會增加東港路線，針對學生的就學路線也在緊鑼密鼓籌備中，期待為更多人創造幸福的最後一哩路。

眾人共創的滿州鄉幸福巴士2.0

　　截至2021年5月底為止，全臺101個鄉鎮區共有246條幸福巴士和幸福小黃路線，而屏東滿州鄉則在天時、地利、人和下，率先於2020年12月24

日開辦「新創幸福巴士2.0整合示範服務」。「滿州鄉幸福巴士2.0」除了鄉公所經營的幸福巴士服務外，也是交通部修法讓民間自用車合法經營偏鄉客運服務後，第一個由當地社會團體「一粒麥子基金會」成立的市區汽車客運業，導入民間資源來提供偏鄉運輸服務。

公路總局運輸組組長王在莒談到「滿州鄉幸福巴士2.0」時指出，幸福巴士2.0希望提供一個整合平台，讓衛福部、教育部、原民會等單位，都能發揮所長、提供服務，藉由平台進一步達到車輛派遣和人力資源的整合，讓資訊掌控及管理營運效率都大為提升，「幸福不是隨手可得，是一群人共同努力的成果和力量。」

談到偏鄉公共運輸議題，公路總局局長許鉦漳目光炯炯地說著規劃藍圖：「不只是滿州鄉需要幸福巴士2.0，全臺灣68個偏鄉都需要，我們下一步該怎麼做？首先，必須盤點現有的交通部、衛福部、原民會、教育部資源，再加以整合規劃，未來希望對偏鄉的照顧更加周延。以往，雖然有公運計畫的經費補助，但大部分都用於公路客運的虧損補貼、老舊車輛汰舊換新和硬體設備的升級，最後排擠到偏鄉公共運輸的經費，最近我常和同仁說，偏鄉只要有需要、有必要，要一塊錢我們都得努力擠出一塊錢，不能說NO，這是我們的決心。」

臺灣土地雖然小，然而北中南差異極大，雖然都歸屬偏鄉地區，但是各地區環境條件大不相同，公路總局再次發揮牧路人的管理責任，依據區域特性和地方需求，協助推動幸福巴士和幸福小黃等服務。2020年，交通部通過的汽車運輸業管理規則修正，放寬偏鄉運具限制，讓地方政府可以輔導當地的社會團體或個人，以自用車經營運輸服務，導入九人或五人座小客車和計程車，藉此提高服務機動性，不僅實現偏鄉居民行的正義，還要讓就醫、就學、購物等民生需求，獲得真正滿足。

1 滿州鄉幸福巴士2.0 的車隊，由一粒麥子基金會成立的市區汽車客運公司營運。
2 中華航空、長榮航空導入企業社會責任（CSR），為滿州鄉民實現幸福巴士的心願。

走向無卡勝有卡的支付時代

從公車票卡的演變、多卡通驗票機的誕生，
到手機行動支付世代的來臨，科技的進步，
為生活賦予更多的便捷與想像空間，而公路總局總是掌握潮流趨勢，
提前布局、與時俱進。

———————

上下車拿著卡片對著機器「嗶」一下，已經成為搭乘大眾運輸時的習慣動作，每個人身上都有超過一張以上的電子票證卡片，可以用來搭公車、計程車、購物消費，有人將電子票證形容是「一卡在手、希望無窮，忘了帶錢包出門也沒關係！」

1997 年在臺問世的電子票證，歷經 20 多年時間，已經成為大眾的生活必需品，對於 30 歲以下的世代，車掌小姐、公車月票猶如上古時代的名詞；然而，隨著人手一機的時代來臨，行動支付的浪潮也隨之席捲而來，改變大家的付費習慣。

貼票換現金　耐心和眼力大考驗

五、六年級生，未必經歷過客運、公車上有車掌小姐服務的年代，但勢必都有過下車時慌亂找零錢、票卡忘了從口袋拿出來而被洗衣機洗爛的記憶；

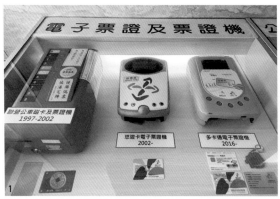
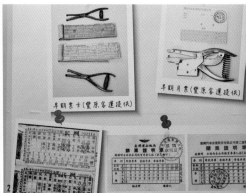

或者，紙本格子票被司機用特製工具「咔嚓」一下，偶爾失手多剪了0.5格，只能默默地接受。

「你們都以為剪月票很容易？其實剪月票相當講究技巧和手勢，所以才需要心思細膩、又有巧手的車掌小姐啊！」首都客運董事長李博文談起這段往事，笑著說：「到了月底，客運業者必須把這些剪下來的小方塊紙本，一格一格完整貼滿60格，才可以拿去跟公車聯營管理中心請款。」李博文重現當年黏貼車票的動作，每個0.6公分乘上0.6公分的小方格，最後積沙成塔、成為支持客運公司營運的金雞母。

貼票換錢這個步驟，費時又費工，還要擔心被不肖人士向司機盜買票格，因此紙本格子票逐漸式微。後來客運業者大多設置立商式投幣機，由乘客投入現金，但每天處理大量零錢，還要防杜司乘人員吃票，頗感吃力。福和客運公司最先在1992年引進磁條式儲值票，臺北市聯營公車則在1995年推出塑膠磁卡式「公車儲值卡」，客運業逐漸告別現金收費的時代。

當人們的習慣被迫改變時都會引起質疑，公車儲值卡發行初期也經歷了人人喊打的時期，面臨包括買不到票卡、刷卡速度過慢、故障率高等問題。然而發行兩年後，創下全票票卡每月銷售超過30萬張的成績，加上發行儲值卡的卡通公司，陸續推出多款票卡圖案，例如國劇臉譜、布袋戲偶、印象派畫作、臺灣風景畫等限量發行票卡，意外掀起一波收集、搶購風潮。

1 隨著時代演變，電子票證和票證機在 20 年內也歷經多次轉型。
2 早期的票卡和月票全靠手工剪票，臺中區監理所金檔獎展示館也收藏了這些珍貴的歷史文物。
3 臺灣汽車客運公司時代推出的各種紙本車票和剪票機。
4 易行卡於 1998 年試辦，是首張結合捷運與公車的電子票證。
5 臺北市聯營公車曾發行五次的紙質儲值卡，希望取代投現，可惜推廣成效不佳，迄今仍是刷卡與投現併行。
6 臺灣智慧卡公司 2004 年起發行臺中 e 卡通，2007 年整合為臺灣通，曾廣泛流通於全國主要客運業者。

嗶嗶！人手一卡的時代來臨

　　1996 年臺北捷運正式通車，隨著捷運路線網絡越來越完善，大臺北地區居民的生活漸漸發生改變。起初民眾必須分持捷運及公車儲值卡乘車，略感不便，1997 年開始試辦可重複加值的非接觸式票證「易行卡」，使用成效頗佳，復於 2000 年起全面推廣整合捷運及公車票證的臺北智慧卡，命名為「悠遊卡」。

　　早期的臺北市公車和臺北捷運，還是相互競爭、互搶客源的競爭對手，因此，悠遊卡發行之初，僅適用臺北捷運與臺北市聯營公車，至於公路客運長期以來有自己的票務系統，除少數路線外，並未積極加入整合。後來公路總局基於便民原則，逐步輔導北部地區公路客運業者裝設悠遊卡驗票機，「一卡在手」的「微電子錢包時代」也正式揭開序幕。

告別三強鼎立 一卡在手全臺暢遊

　　十多年前，臺灣的電子票證堪稱「北悠遊、中臺智、南高捷」三強鼎立的時代，前往不同城市出差或旅遊，必須準備不同的卡片，當時的便利超商還曾發行集點換票卡夾的活動，方便民眾將卡片放在不同圖案的卡夾內以免搞混，因為，上下車嗶錯卡可是會耽誤時間、令人尷尬。

　　當大眾運輸需求運量逐年攀升，人們往來城市頻繁時，開始出現「電子票證太混亂、好複雜」、「為什麼不能只帶一張卡出門就好？」、「搭火車都只要一張卡，搭公車和客運怎麼如此麻煩」的聲音，時任交通部部長的毛治國，意識到電子票證整合勢在必行，進而指示相關部門研議整合電子票證。

　　曾參與電子票證整合計畫的公路總局主任秘書林福山提到：「2010年時，悠遊卡發行量已經超過2000萬張，要整合電子票證太困難，與其煩惱票證整合，不如從驗票機著手，讓這台機器發揮更多功能。」

　　歷經功能有限的單卡機時代後，交通部公路總局和台灣車聯網產業協會(TTIA)、財團法人資訊工業策進會等單位合作，推出新一代的「多卡通驗票

機」，機器裡安裝可判讀卡別的 SIM 卡，而且最多能同時辨別八種卡片，客運業者可依據不同城市使用的卡別普及度，自行設置判讀的順序，例如北部將悠遊卡列為第一，南臺灣就以一卡通為優先。同時，交通部也透過公路總局推動公路公共運輸發展計畫，協助全國客運業者進行驗票機汰換的升級計畫。

受惠於多卡通驗票機的功能，臺灣民眾不再為卡所苦，出門時只需帶上一張喜歡、習慣的電子票證卡，就能在全國各地輕鬆嗶嗶上車，實現「一卡在手，暢遊全臺」。時至今日，儘管客運、公車上仍設有零錢投幣箱，但是電子票證的使用率已高達九成，旅客上下車的速度增快許多，搭車也更便捷了。

提早布局 迎接行動支付的世代

隨著科技進步，智慧型手機顛覆了現代人的生活，如今，搭乘大眾交通工具時，人人都成了低頭族，智慧型手機除了用來追劇、接發訊息外，越來越多人將它當作「電子錢包」使用。當新世代年輕人的使用習慣發生巨大轉變，公路總局同樣與時俱進，早早就開始思考「多元行動支付」的可能性。

根據統計，臺灣每年約有 12.4 億人次搭乘公路公共運輸，支付方法也必須趕上現代人的生活方式和使用習慣。2021 年初，公路總局在全國選定五家業者、八條路線進行試辦行動支付，包括臺北－基隆的城際通勤路線、臺中市

1 只要持有悠遊卡或一卡通，搭乘長途國道客運南來北往都暢通。

2 新款的電子驗票機，增加了紅外線掃瞄 QR Code 的功能，開啟多元支付的時代。

3 未來，單卡機會慢慢走入歷史，取而代之的是新型的電子驗票機。

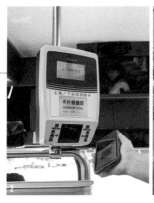

1 隨著科技進步，未來，無論搭乘市區公車或長途客運，都將邁入多元行動支付的時代。
2 公路總局新大樓設有幸福公路館，是全臺第一家以公路為主題的展覽館。
3 臺中區監理所金檔獎展示館，典藏臺灣珍貴的公路發展歷史文物。

區公車和觀光導向的墾丁快線，用不同類型的路線和客群進行測試，只要手機綁定 LINE Pay money、悠遊付、icash Pay 等行動支付軟體，透過掃描 QR Code 就能快速又輕鬆完成上車付款。身為試辦業者之一的大都會客運，為了讓民眾熟悉、適應新的支付模式，總經理李建文還會利用假日親自前往轉運站舉牌推廣並示範如何使用，對手機依賴度超高的年輕族群，可說是「十分有感」的宣導服務。公路總局局長許鉦漳提到：「為推廣行動支付，我們經過長達半年的試辦，2021 年 6 月首波試辦告一段落，民眾反應良好，給我們很大的信心，預計於 2021 年下半年正式推出。隨著科技進步，我們必須隨時調整腳步，才能跟得上時代。」

　　林福山強調：「當商業環境都在使用多元支付時，搭乘客運、公車若只能刷卡，就會跟社會脫節。」未來，提供乘客更快速、更便捷的服務，是公路總局智慧公共運輸發展的重要施政方向，目前，計畫在 2022 年完成全臺灣 1.5 萬輛客運驗票機的更新升級目標，多元行動支付的執行將使公共運輸的使用更加普及，正式迎接「一機在手，暢遊全臺」的時代。

走進幸福公路館的時光隧道

　　沒看過以前的剪票機、紙本月票、儲值卡，或早年長途客運巴士的模樣嗎？走一趟位在臺北市公路總局大樓的「幸福公路館」，都可以看到。這是全臺唯一保存與公共運輸、監理及工程有關的展示館，典藏著珍貴的文件檔案、懷舊車票、歷史照片、傳統車牌，甚至中興號、國光號的車輛模型，內容老少咸宜，適合親子同遊，可以自行觀賞，亦可透過義工導覽員解說，了解公路總局在運輸、監理和工程上的發展與轉變。幸福公路館每年都會舉辦不同主題的特展，不論是歷史影像回顧、省道輕旅漫遊、口述歷史回憶、繪本實體呈現等多樣風貌，讓民眾對於公路有更深刻的認識與認同。

寓教於樂的另類展示館

公路總局全國共有七間監理所，其中，臺中區監理所、嘉義區監理所和高雄市區監理所，都是「鍍金的監理所」。所謂鍍金，是指行政院「國家發展委員會檔案管理局」針對政府機關檔案管理、保存評鑑等項目所設立的「機關檔案管理金檔獎」，希望讓用心耕耘檔案管理的單位獲得肯定，人民也能享有「知的權利」，認識國家重要資產。
「檔案是最好的典範傳承，員工是最讚的宣傳代言人」，獲獎的臺中、嘉義和高雄市區監理所，也將成果內容展示於該監理所，以臺中金檔獎展示區為例，包括車長胸章、剪票機、女性服務員的制服、考照的 2B 答案卡等等歷史文物，半世紀前的大客車樁考、巴士與車牌演變的珍貴照片等等，都有詳實的紀錄，提前預約還有志工導覽員解說，帶領大家重溫懷舊時光。

Chapter3 引領每一次出發的方向

監理，實為「監督管理」，所掌管的業務，與民眾生活密不可分。
舉凡汽機車考照、行照駕照核發、車牌規格演變、
定期車輛檢驗、監理資訊系統升級、高齡駕駛管理制度、數位行動監理車等，
今昔對比之下，一次次的沿革，背後都是與時俱進的思維，
核心則是與民同在的溫度。
正因為每一回的出發，都承載著全民對安全的殷殷期盼，
所以每一項監理服務，都以專注一心的職人精神，
極盡所能地追求「沒有最好，只有更好」的境界。

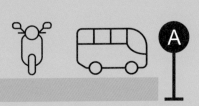

古往今來的新手上路

開開心心出門，平平安安回家，是每個人都能琅琅上口的標語。
但你可能不知道，馬路如虎口，此言不虛，
歷年來，交通事故始終都在國人意外死亡原因中排名第一。
換個說法形容會更有畫面：「每年平均在道路上損失的三千條人命，
一個國小操場都站不下。」監理運輸機關的守門人，責任格外重要。

———————

新手上路之前，不分汽機車都須通過考試，取得駕駛執照。考試分為「筆試」和「路考」，前者測試用路人對於「交通法規」、「防禦駕駛」等觀念需擁有充足認知，後者則確保駕駛具備一定程度的技能；透過考試，引導學習，考取駕駛執照。

但是，通過測驗只是取得合法駕駛交通工具的資格，並不能百分之百保證用路人的安全。交通安全的重視，需仰賴國民素養的整體提升，而如何透過各式各樣的宣導教育及考驗制度設計，強化民眾的安全駕駛意識，就成為交通從業人員、監理運輸機關裡每個崗位上的「公路人」，責無旁貸的使命。

筆試大補帖 安全認知有念有保庇

臺灣交通事故死亡率偏高，公路總局監理組組長林義勝提到，「尤其是機

車肇事與死亡者的比例，在國內始終居高不下。會發生問題，往往不在於騎士的操控技術，而是風險觀念。」新手考取駕照上路是「用生命在繳學費」，一不小心就直接抵達人生終點站。常言道：「出事只要三秒，回家卻要走七天。」雖是玩笑話，卻也警醒人們應更重視「行」的安全。

如何進一步減少肇事率，成了公路總局重要的任務。「除了提升駕駛技巧，也要能注意到其他車輛動態，避免產生衝突擦撞。」林義勝強調，監理所站為降低機車事故傷亡人數，一直在加強行車安全意識的提升，首要的，就是強化汽機車考照難度。

早期，筆試考題偏重交通法規的認知，後來陸續加入許多安全相關的題目，汽機車筆試題庫內容也「分流」做出顯著差異，自2021年5月3日起，持汽車駕照申請報考普通重型機車駕照的人，一律要參加筆試，為近年重大變革。題庫更是逐年增修，應考民眾若不經一番準備，可能無法輕易通過測驗。

以機車為例，題庫從原本的600餘題，增加至1600餘題，而考題出題數目也由40題增加至50題。題型內容，則依據機車駕駛人上路容易面臨的危險狀況，新增情境式考題，用圖卡取代文字敘述。用意在於，若通篇都是白紙黑字、長篇大論的描述，較欠缺閱讀能力的民眾難免心中吶喊「報告長官，沒有畫面」。林義勝舉例，當對向車道來車和駕駛人都要轉入同一個車道時，黑

1-2 公路總局「危險感知教育平台」網站的30秒線上測驗。

3 機車考照筆試前要上一堂講習，認識人、車、路的基本特性。

羊白羊，誰要讓誰？「像這類的路權觀念考題，如果透過圖片來輔助說明，更容易讓考生直覺聯想到完整情境。」

此外，機車考照可不是「人來就好」，還有兩個關鍵前哨站。首先，在網路預約登記報名前，得在公路總局「危險感知教育平台」網站上，完成危險感知影片的線上測驗。公路總局監理組駕駛人管理科幫工程司張世融指出，影片內容包含視野死角、注意內輪差等情境，乃是要灌輸安全駕駛觀念。其次，筆試前要上一堂120分鐘的講習，認識人、車、路的基本特性，以及如何防禦駕駛，確實建立風險觀念，人生才不至於提早離席。

說文解字：防禦駕駛

近年開始推動的「防禦駕駛」觀念，葫蘆裡究竟在防什麼？它的核心宗旨在於提醒駕駛人，除了做好遵守交通規則的自主管理外，也要防範潛在的肇事者就在你身邊，例如當號誌轉變為綠燈準備通過路口時，除了適當減速，也要觀察是否有其他來車。防禦駕駛的精神，在於透過眼觀四面、耳聽八方，進一步察覺並預測下一秒可能發生的情境，預先採取保護自己的防禦動作。

1 公訓所的隨車教練提供正確嚴格的教學。
2 公訓所以教練車來解說汽車引擎、管線
  等基本構造。
3 專門經營駕訓業務、培訓交通師資等專
  業人才的公訓所，設有完善的教練場。

路考強勢回歸—考照現場直擊

　　每當交通事故的新聞一播出，經常可見網友點評「駕照是雞腿換的」，對於現行考照是否足以有效鑑定程度，提出質疑，或是有很多新手駕駛明明取得汽車駕照，卻不敢實際開上路，變成駕照「只是擺著好看」的裝飾品。

　　其實，約在 1946 年至 1969 年間的汽車考照，可是真槍實彈，需要通過實地道路駕駛考驗。當時監理所站的考驗車取得不易，50 年代用的是美國福特的老爺車，歐美車系座位很深、視線不佳，曾有個子矮小的民眾騎車載著 3 公斤重的麻布袋，疊起來墊在座位上應考，才能看清視野掌握方向，增加及格機會，成為考照趣談。

　　中期的汽車考照，隨著電動考驗規格的出現，逐漸轉為僅在監理所站和駕訓班的汽車考驗場實施，簡稱「場考」。只要熟悉教練場的電動考驗項目，考試就會通過，長期下來，反而荒廢了道路駕駛訓練的課程，流於「考試領導教學」的模式，讓許多考生靠著「背公式」過關，為人詬病，也漸漸有是否應重新納入「道路考照」的聲音出現。只是，時過境遷，人口和車流密度遠勝早年，讓上路風險倍增，所以，恢復道路考照的議題雖然早先就有人提出，卻不是一時片刻可以實現的。

交通部政務次長、前公路總局局長陳彥伯回憶，要再次推動道路考照上路，最大困難是駕訓班的配合意願不高。他聯繫認識的業者，發現已由第二代接手，「只好特地跑到人家家裡，向第一代經營的父執輩動之以情溝通，積極勸說。」從盤點考驗員人力、法條修正、遊說保險公司承保等多方並進，釐清民眾疑慮，並在各監理所站陸續試辦，爭取社會認同，最終，才於 2017 年正式恢復了 40 年前的道路考照制度。

以 2016 年間參加道路考照及格的駕訓班成員，取得駕照後的平均違規次數，和一般駕訓班學員相比，違規率降低了 61%，顯見道路考照對於養成良好駕駛行為，有一定成效。前公路總局監理組組長施金樑笑笑說：「這麼回想起來，考照制度還是舊的好。」

道安的搖籃 從「教育」做起

路口是人車交會最密集之處，各類碰撞事故容易在此發生，據歷年統計，交通事故約有六成發生於路口。但是，每當各縣市舉行交通大執法時，事故率相對平時總是降低許多，這意味著什麼？「代表大家不是不懂交通規則。」駕管科副工程司葉建宏這麼說。

經營駕訓業務、培訓交通師資等專業人才的公路總局公路人員訓練所（簡

稱公訓所)，就以人安、車安、場安為重點訴求。提及對於駕駛人的培養，所長林翠蓉自豪表示：「我們是以道路安全為出發點，並不是只以拿到駕照為唯一目的。」課程一定會落實汽車道路駕駛，讓學員實際累積經驗。這也讓公訓所的口碑「代代相傳」，講師洪勝能笑說，就有很多學員是一家祖孫三代前前後後都來所裡上課，練好基本功，將來上路就不怕。

只不過，想考汽車駕照前，民眾絕大多數都會報名駕訓班。過往國人的共同回憶是「機車駕照很好考」，因此，在學習機車騎乘的經驗上，絕大多數都是親友稍加指導甚至自學，沒有受過正規的駕駛教育訓練，導致許多機車使用者自我感覺良好，認為自己藝高人膽大，不但趕時間搶快，還經常出現脫序駕駛行為。

YAMAHA 台灣山葉機車工業公司的安全普及課課長張慶得就用「三多一少」來形容國內的路況：人多、車多、三寶多，再加上土地少，「就一個字，擠嘛！」秉持企業社會責任，YAMAHA 的山葉機車安全駕駛文教基金會，每年定期送講師、教練到日本受訓，精進騎乘技術和教學技巧，取得 YAMAHA 集團最高等級的金級認證，再進一步與公路總局合作，於各監理所站辦理「機車安全防衛駕駛體驗班」，開放高中職以上各級學校申請，讓體驗型安全教育訓練能夠向下扎根。

「你是騎著機車走，還是被機車載著走？」張慶得說，從這句開場白的答案，就可以看出騎車是否夠專心。很多學生剛開始上課時都不當一回事，「機車不就那樣騎？」但是經由半天課程的洗禮，吸收正確的防禦駕駛觀念，結合

1 臺北市區監理所士林監理站的半室內機車教學場地，不用擔心氣候影響練習。
2 公路總局與台灣山葉機車合作推動「機車安全防衛駕駛體驗班」開放高中職以上各級學校申請，讓安全教育向下扎根。
3 臺北市區監理所士林監理站的機車安全駕駛體驗場，透過教練耐心教導，讓大家知道正確的騎乘觀念。

安駕體驗，這群青年學子才知道輕率上路會造成多嚴重的下場，「所以我們一直強調『專注』，專注就是安全的核心。」此外，公路總局迄今（2021年）連三年祭出「機車考照，先上三天駕訓」補助措施，據公路總局委託交通大學辦理研究分析駕訓之成效，成果顯示，經過機車駕訓者，可延長取得駕照後不發生違規及肇事騎乘的時間。

　　「我們常講『教育』有兩條腿，一條是社會教育，一條是家庭教育。」台灣車聯網產業協會理事長、前公路總局局長吳盟分發現，現代很多父母的觀念是怕危險不讓孩子騎車，反而造成世代衝突，或是孩子寧可瞞著父母偷騎，風險反而更高。「如果透過監理所站的推廣，讓大家知道機車駕訓課程可以教導學員正確的騎乘觀念，會是比較正向的做法。」他感性作結：「每多一個人聽進去，就是多救一個。」

考照殺手題 你出局了嗎？

路考最常見的扣分項目以「轉彎及變換車道未打方向燈」占大宗，早年只扣兩分，考生根本不痛不癢，為強調這個動作對行車安全的重要性，扣分標準逐步調高，現為重扣32分。「開車門前未留意有無人車通過」、「未禮讓行人」等27項是多數人容易犯錯的項目，利用扣分最高的方式「畫重點」，提醒民眾留意。

掛牌上路 終身管顧

私人運具的需求，隨著社會發展不斷增加。
以 2021 年的數字來看，全國汽機車登記總數高達 2297 萬 7000 千多輛，
換句話說，幾乎全臺每人都擁有一輛汽車或機車。
車輛管理業務十分重要，
這些攸關民眾的事情樣樣都馬虎不得。

————————

如果用人的一生來比喻，新生兒呱呱墜地，報戶口時會得到一組身分證號，同樣的，各式車輛核發牌照時，也會有專屬於它的車輛號牌，領牌落籍，這台車就有了車籍，將號牌懸掛車上，等同於這輛車的識別證。人為了健康要定期到醫院檢查，車子也需要週期性的檢驗，確保安全上路。直到車輛報廢，關於這台車的管理，才宣告結束。

而這些過程，周而復始地在監理機關發生，監理所站，就像車子的戶政機關，讓監理業務與全民日常生活密不可分，成為在第一線服務民眾的單位。

領牌報戶口

　　觀察路上行車，不難發現，車牌號碼的編排方式有所不同，其中暗藏車輛號牌的歷史演進。因應汽機車總量增長、例行編碼不敷使用，才衍生了號牌的代代更迭，從早年「這一批很純」只有數字排列的車牌，1992 年起的第七代車牌首度將兩碼英文字母加入編碼，開始出現英文字母和阿拉伯數字混用的方式。

　　只是，再怎麼排列組合，終有算盡的一天，加上過往難免發生汽機車編碼衝突（重號）事件，所以，研議多年推出的第八代車牌，首度採用以「一車一號」為原則，在設計上有了重大突破。

一句話證明你是新式車牌 前三後四

　　用一句話證明你的車是最新一代的新式號牌，最直接的答案是「前三後四」。2012 年開始核發的第八代車牌，所有車種皆採前面三個英文字母、後面四個數字（例如 AJF-5678）的單一編碼方式，既解決了重複問題，可用號牌容量也大幅擴增，未來可以沿用超過 50 年。

　　車牌首碼依據其車輛使用方式，選擇對應的英文字首來表示，如 R（Rental）開頭代表租賃車，E（Electric）代表電動車，營業小客車為 T（Taxi）

1 牽新車是人生一大喜事，如果用人的一生來比喻，可以說車子一生都與監理所站息息相關。

2 臺北市區監理所的車牌庫數量居全國之冠，備有一般車牌、重機黃牌、重機紅牌以及大使車牌等等。

3 公路總局的幸福公路館，針對親子旅客設計了寓教於樂的車牌趣味看板。

相逢一定要相識！特殊車牌 check

普通車牌大家都司空見慣，但在車水馬龍的道路上，還是有遇見特殊車牌的機會，想要認識這些車是何方高人？現在帶你一探究竟。

- **臨時車牌**

  汽車還未領到正式牌照前，如有像是開往監理機關接受新領牌照檢驗、到海關驗關繳稅，或是買賣試車等上路需求，就要申請臨時車牌。雖然是唯一的紙製車牌，效力也等同正式車牌喔！

- **外交車牌**

  外交部特別給予駐臺外交人員的特殊車牌。紅色底的「使」字車牌，代表是邦交國使節的用車。「外」字車牌則為非邦交國，又分為小客車的黃底、大客車的藍底。為禮遇外邦，外交車牌保有一定程度的特權，但仍要遵守法規，並非如網友開玩笑說的是「橫著走都沒關係的車牌」。

- **軍用車牌**

  適用於中華民國國軍車輛，管理者為國防單位，並非監理單位。

開頭，大型重型機車為 L（Large），小型輕型機車為 S（Small），辨識更直覺，也更加「名副其實」。

在編碼選擇上，有些既定規則，比如英文字母「I」、「O」易與數字 1、0 混淆，去除不用。數字 4 與「死」諧音，不甚吉利，曾有一組號碼為 F4 的號牌，音近「赴死」，轉調到幾處缺牌的監理站，都乏人問津。也因此，在過去換新號牌的時間點，逐步取消個位數和十位數的 4。

但民眾「遇4（事）」仍紛紛走避，只要有監理站的號牌輪到 400 號、4000 號，往往門可羅雀，一旦「4（事）過境遷」，又蜂擁至監理站排隊擠著領牌，導致窗口業務的尖峰、離峰落差超大，管理調度上也頗為困擾。

最後，順應民意，新式號牌逢4一律剔除，即使有人想要 1314「一生一世」的浪漫數字密碼，也只能說抱歉了。現在，從 0001 到 9999，就僅剩 6560 個數字可以使用。

英文代碼的拼字組合，也不是照單全收。部分拼字有特殊諧音或含義的，比如 BRT 意為「快捷公車」、NTD 指的是「新臺幣」、MAD 表示「瘋了」，設想每個人觀點好惡不同，確實有的人喜歡、有的人不喜歡，因此，該年度預計製作的代碼，都會放上監理服務網做意見調查，以為期一到兩個月的時間，開放全民票選。調查結果會作為號牌製作數量的參考，這也是監理單位將市場需求納入決策考量，「與民同行」的作為之一。

掛牌變名車 特殊號牌全民競標

買車是人生大事，在經濟起飛的年代尤是。前公路總局監理組組長施金樑分享，1978 年曾有一位業務代辦，下雨天匆匆忙忙跑進櫃檯，同仁好奇詢問他不是剛買國產小客車，對方回說新車捨不得開出門淋雨，下雨天騎機車就好，「可見當時的人買新車多麼用心照顧，當然也會想要挑一付自己滿意的車牌號碼。」

車牌數字排排站，裡頭也大有講究。民眾喜歡的號碼，不外乎是「順號」如 5678、6789，「連號」如 6666、8888，好看又好記，又或是「對號」如 6688、8899，雙雙對對萬年富貴。反之，像是 2266 台語諧音「零零落落」、4567 音近「死我留妻」，皆因不雅或寓意不祥，不受車主青睞。

車輛核發牌照時都有專屬的車輛號牌，領牌落籍，這台車就有了車籍，將號牌懸掛車上，就能安心上路。

　　民眾喜好無奇不有，施金槑回憶自己擔任車輛異動窗口承辦人時，曾有位女車主拿了 8888 的車牌號碼說要繳銷重領，原來是因為車牌特殊，無形中也顯得太過張揚，經常被有心人跟蹤，不堪其擾之下，才決定換付普通號碼的牌照。

　　有女議員為了營造親民形象，指定 5438 作為車牌號碼，不忌諱 4，只為用諧音博選民一笑，增加記憶點；也有省府官員買車給另一半，太太原本歡天喜地，卻被同事虧說車號 5938 就是先生在笑她有夠三八，從此耿耿於懷。還有位車主，自用機車換領車號 MW8698，倒過來看也是這個號碼，別有意思。

　　約自 1991 年起，監理機關開始選號標牌，順號、連號的底價 6000 元起標，對號底價為 3000 元起標。公告之後，現場競標，價高者得。標牌業務也有淡旺季，民間習俗農曆 7 月諸事不宜，自然也沒有生意上門，而新曆過年

到農曆過年這段期間，買氣大升，是旺季中的旺季，在都會區的監理站，發牌發到半夜是常有的事。

只是，俗云見面三分情，現場標牌，不僅對拍賣官的主持場控功力是一大考驗，也不免要面對一些人情壓力。每逢招標日近，總有小道消息盛傳，諸如某地方勢力先放出風聲，意思是「這組號碼大哥要定了」。結果原本預期可以競價飆高的牌號，反而因為沒人敢喊價，流於草草結標，或是每次開標都要聯繫警方派員到場維持秩序，仍不免耳聞有圍標情事的困擾。

有鑑於此類狀況若反覆上演，對監理機關的公信力大有影響，2007年時任職臺北區監理所所長的施金樑與資訊室主任曾信池，有志一同，聯手投入「車輛號牌網路競標系統」研究。施金樑提到，原本一開始對於要怎麼在網站上進行身分認證，苦思良久，碰巧當時內政部推行自然人憑證，在中華電信數據分公司的協助規劃下，將其與競標系統結合。

如此一來，就能達到「民眾家中坐，車牌上網標」，既減少現場亂象，車牌號碼在網路上也更公開透明，化解民眾對號牌黑箱作業疑慮。公路總局公路人員訓練所所長林翠蓉提到，早年「靠關係」拿所謂的「公關牌」時有所聞，「每個人都想要好號碼，哪裡生得出一手好牌？所以網路標牌選號機制的建立，也是對去除疑慮有很大的幫助。」

網路競標，價分三級：第一級為牌照號碼全數相同的，底價6000元，第二級為重複對稱的數字以及連續數字，底價3000元，第一、二級以外，也

有不少民眾想以生日、結婚紀念日等有意義的數字作為牌號，自選號碼為第三級，底價3000元。流標的號碼，民眾可以花一筆錢自行選號，若仍未被選取，則以順號編發的方式發放。

還有特殊案例，如高雄市區監理所曾另加訂特別版，將車號5168「我一路發」以底價1萬元起標。過去車牌號頭「A8」諧音台語「會發」，帶動一波競標熱潮。又像是公路總局為回應民眾期待，提前製作BMW號牌和象徵勝利的VVV號牌，專案控管，限量標售，就算不是BMW車主，掛牌也能變名車，每次推出均引發熱烈迴響。詢問度高的未標售車牌，還有像是日系車廠的知名車系CRV，美國職籃NBA也有死忠球迷想收藏，未來都有機會打破現行號牌順序，另行推出。

網路競標的熱門數字，也多少反映時代變遷，以往最受歡迎的連號、順號，不脫6、8這些吉利數字，6666、8888、9999均穩坐高價排行榜，現在的諧音流行語，造就了0857「恁爸有錢」這樣的組合也意外竄紅，直白有力，突顯出當代人人心中都編織著一個「發大財」的美夢。

自從車輛號牌網路選標號開放以來，不少國人都願意自掏腰包付費挑選，把新臺幣變成自己喜歡的車牌數字，被網友譽為超級車牌的「8888-88」更於2011年以近360萬元標出，為網路標牌金額立下難以撼動的天花板。原本標牌選號只有自小客車，後來逐步擴大開放機車號牌也可以納入，累積標價年年創新高，公路總局監理組車輛管理科科長賴明誼笑說：「現在一年競標金額大概將近八億元，可說是為國庫進帳貢獻不少。」

1 板橋監理站設有機車車輛牌照自動選號機。

2 機車選號有人特別偏愛代表吉祥、發財的數字。

3 數字4發音不甚吉利，新式車牌逢4一律剔除。

定檢保安康

都說職場上最難處理的是人的問題，但對監理業務而言，車又比人複雜多了。因為車種多、車輛數多，加上法規沒有限制車輛使用年限，逾千萬輛車裡頭，年代落差很大，公路總局監理組車管科正工程司沈宗樞形容：「像我們這群同仁都是五年級生，可是比我們年紀大的車子都還在路上跑。」為確保行車安全，要守住的第一關，就是車輛檢驗，也是車管科業務量最繁重的一塊。

車輛檢驗「住海邊」安全把關管很闊

新車領牌，需經過申請牌照檢驗，接下來進入週期管理的定期檢驗，以及臨時檢驗和特定事項的召回檢驗。賴明誼也分享一個觀念，車輛檢驗只是做到最基本的安全基準把關，最重要的，還是車主能夠負起維護車輛安全的責任，依原廠規定的時間保養及檢查，「管理措施也是用來提醒車主，這樣至少

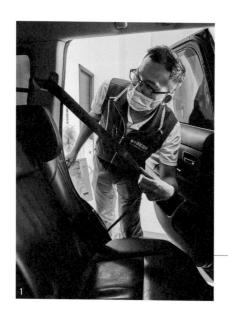

1 為了當好守門人、安全把關者，車輛檢驗被形容是「住海邊」管很大。
2 臺中區監理所南投監理站的車輛檢驗大樓，檢驗動線設計與整體環境最為舒適。

你今天到監理所驗車前，會想到要自行先檢修一下。」

　　檢驗環境不比坐辦公室，四季冬冷夏熱，加上現場汽機車排放的廢氣，空氣品質自然好不到哪去。第一線工作本就有高風險性，要求車主踩剎車，結果對方踩成油門，車子一暴衝撞傷檢驗員，又或是檢驗通過，自然相安無事，若是驗不過，民眾情緒一來，上演全武行，諸如此類的職業傷害，也早已不是新聞。有許多職員用「下海」來比喻車檢任務，箇中辛苦可想而知。

　　民眾習慣在農曆年前提早排休假，處理平日上班無法進行的事務，驗車也是其一。因此，過年前是監理所站檢驗業務的車流高峰期，以臺北都會區為例，一名檢驗員單日驗車數甚至可逾200輛，平均一小時就要消化2、30台車，所有判定檢驗是否合格的動作，都得在幾秒內完成，相當高壓。沈宗樞笑笑說：「如果對車子沒有熱情，這個工作大概做不下去。」

　　談到車檢，就像「住海邊」管很闊，經手的案例信手拈來都是故事。比如機車日行燈依照法規應是白光，曾發生不同車主過戶臨檢時，檢驗員發現某廠牌的同型車輛都是藍光，交由車輛安全審驗中心（VSCC，簡稱車安中心）

1 臺中區監理所南投監理
站的檢驗動線規劃完善。
2 車輛檢驗員為車主進行
基本的安全基準把關，
最重要的還是車主能負
起維護車輛安全的責任，
依原廠規定的時間保養
及檢查。
3 臺中區監理所的機車新
車領牌檢驗。

啟動後續調查，確認車廠沒有達到品質的一致性，必須通報強制召回改正。廠
商多年來想盡辦法登報、雙掛號通知車主，都還無法讓全部車輛回廠，致使案
件遲遲無法結案。承辦人員現在只要遇到廠商，仍不免被埋怨幾句，但對於既
像守門人又像糾察隊的檢驗員來說，安全無虞，永遠是不可撼動的第一順位。

公僕代理人「代檢廠」出動 便民上路

同樣是在驗車，「手路」也會不同。早年車輛數少、零件昂貴，工資卻
相對低廉，所以當時的檢驗工作，某種程度像是技工在修理汽車。隨著時代
推移，車輛增加，科技也讓車子性能越來越好，零件容易取得，價值相對降
低，反而是人工變貴了，此消彼長，檢驗方式漸漸轉變為側重大方向的功能
性，不再像以往做很多細節維修性的工作。

站在民眾使用者需求角度來看，對於監理單位執行車輛檢驗的期待，不外
乎是安全、方便，誰不希望「我家巷口就是監理站（所）」，又或是許願能有
夜間的「星光」時段，下班後也能披星戴月趕赴一場驗車盛會。但是，理想

很豐滿，現實很骨感，監理人力有其局限，加之車輛數激增，各所站的車檢業務量，也與日俱增。

值此時空背景下，「代檢廠」的機制便應運而生，藉由代檢廠代理監理機關執行國家公權力，來做定期的車輛檢驗。全台星羅散佈的 500 多家代檢廠，象徵著服務範圍的擴大和服務時間的加長，給予民眾更多方便。

施金樑說：「有位車主來監理所，煞車檢驗連續三次都未通過，次日從報表發現這輛車當天在不到一小時，再到某家代檢廠檢驗，竟然合格。我就虧他們說這輛車是『隔空修理』嗎？」

因此，為了確保代檢廠都能照規定來，落實檢驗，發展出代檢廠要有全程數位錄影存證的相關制度，監理機關也能遠端同時監看。公路總局監理組組長林義勝提到，監理單位作為管理機關，遊戲規則一定要讓代檢廠充分理解，為了讓素質與時俱進，要求代檢廠每年至少辦理兩次檢驗員的教育訓練，也透過每年舉辦的座談會，雙向對話，「讓業者感受到我們是重視他們的，溝通議題相對比較容易。」

對民眾來說，代檢廠提供了更便利的服務，是為「興利」，對監理機關來說，有效地查核代檢廠是否合格運作，是為「防弊」。當車輛管理的機制隨著時移勢易必須做出改變，此兩大重點皆須兼顧，而受益的永遠都是人民。

從手工牧羊到數位牧羊

回顧公路監理資訊系統
從一至三代的演進歷程，就有如臺灣社會走進科技時代的縮影。
展現政府機關發揮團隊合作及積極進取的精神，
一步步從紙本作業進入電腦化、網路化到智慧化甚至是
行動化，順應時代潮流，以前瞻的眼光，邁向現代化的新境界。

————————

監理掌管的事務密密麻麻，極其繁瑣，又與民眾生活密不可分。只是隨著時代變化，業務量及服務範圍不斷擴張，過去傳統的人工作業模式早已不敷需求。試想，1950 年代的民眾要領取一張普通汽車駕駛執照申請書，窗口是拿著一支沾墨水的筆，一筆一畫地抄錄姓名、出生年月日和地址等資料，往往寫好後，紙上墨跡仍是濕的，還得再拿張紙覆蓋其上弄乾。

1980 年代的汽車車輛數約 90 萬，直至今日，成長了將近十倍，若仍採這樣一張張慢工出細活的純手工作業，怎能負荷時代巨輪的碾壓？導入科技，就如箭在弦上，不得不發。

公路監理業務走入資訊系統，自 1981 年開始設計與開發第一代「公路監理系統」以來，歷經 40 餘寒暑、三代系統演變（系統下簡稱 M1、M2、M3），不斷地與時俱進，擴充更多元的服務面向，促使監理業務不斷踏向新的下一步。在系統背後，更重要的是各層級監理同仁從規劃到執行層面的全員投入，人腦與電腦一同與時俱進，藉由科技工具的輔助，能夠更有效率地為民服務。

1 第一代 M1 系統於 1986 年 1 月舉行示範觀摩會，圖為高雄市區監理所的情景。

2 第二代 M2 系統上線時，李故總統登輝先生前往高雄市區監理所視察。

從一指神功到 e 點就通

早年監理所站的編制，並沒有資訊單位，因此，當開始研議監理業務電腦化之際，相關專業的人員培訓也隨之同步啟動。公路總局公路人員訓練所所長林翠蓉便是在 1980 年代通過徵選，加入首批資策會課程的人員之一，被資訊室同仁譽為「國寶」。她說以前沒有人會用電腦，大家都是從「一指神功」慢慢練起，「很多人甚至連ㄅㄆㄇㄈ都不太熟，還為此開設了正音班。」

萬事起頭難，當時窗口每天作業結束後，需將資料彙整輸入電腦。畢竟還不熟悉操作方式，難免有所疏失，曾發生過建檔、追檔資料錯誤太多，讓業務課長氣得跳腳罵說「電腦根本是豬腦」。林翠蓉提及，因為這樣，初期大家對電腦是不信任的，寧可擺在一邊，繼續傳統的人工模式。他們只好把電腦裡數萬筆的資料逐張列印出來，跟書面資料一一核對校正，讓數字來說話，證明電腦至少能達到九成五的正確率。

「就是這樣反覆地跟負責的主管溝通，是不是可以先試著相信電腦、要求大家試著做做看。」長此以往，才讓人員有足夠的心理建設，從人工、電腦並行的雙軌作業，漸漸地進入到單靠電腦完成的單軌作業。推廣期間，同仁都要到各站輔導上線，從怎麼操作電腦、輸入代碼，一個口令一個動作慢慢教起，她笑說那時 20 幾歲的自己還很青澀，「每次上台講話都結結巴巴。」

也曾參與首批資策會課程的臺中區監理所彰化監理站站長游明傳透露，初期把紙本文件電子化的時候，因為要把當日所辦理的異動資料都輸入電腦，每天一到下班「登出」例行的作業內容，就意味著開始「登入」加班模式。尤其是農曆春節最忙，「我幾乎都不在家裡過年的。」他解釋，電腦也要年度

大掃除，從休假那晚起，就得開始整理檔案、清出珍貴的記憶體空間，以存放未來一整年度的資料。他比手畫腳形容起來，「現在一個小小的隨身碟動輒就有幾百 GB 的容量，那個時候光是一顆 404MB 的硬碟，就做得像洗衣機那麼大。」

M1 進入下一階段的 M2，最大突破在於從原本地區監理所站「各玩各的」的作業模式，更換為運用更進步的電腦系統功能及網路設備資源，創全國各行政機關之先，首度實現民眾可「越區」辦理各項監理異動。1996 年全國連線作業系統啟用時，總統李登輝還應邀出席、按下啟動按鈕，蔚為全國盛事。交通部政務次長、前公路總局局長陳彥伯回憶，當年阿兵哥抽到「金馬獎」要到馬祖、金門等離島服役，都能直接在當地考照，就是因為多了這項便民服務。

支援前線 全員投入系統升級

M2 的資訊系統分布在全國七個區監理所，為的是能夠就近提供各縣市監理業務需求，以及更迅速地提供設施的維護支援。只是當時，沒有人能夠預知到這套系統需要運行到 20 年後，也沒有人能夠預測資料會呈現爆炸性的成長。

台灣車聯網產業協會理事長、前公路總局局長吳盟分提到，他接掌公路總局局長時，M2 已用了十多年，經常面臨設備老舊維護不易，以及無零件可供替換的窘境。然而，這個龐大的資訊系統登錄了全臺的人車資料，「它如果垮了，是很可怕的事情。」一旦重要設備故障，導致監理服務中斷，他用「動

認識三代監理資訊系統懶人包

M1 電腦化 1981-1993	M2 網路化 1994-2014	M 3 智慧化 2015-（迄今）
・監理資料電子化	・即時公路監理作業	・強化資安、個資保護
・封閉式主機系統	・全國連線跨區申辦	・人車歸戶，整合車籍、駕籍
・檔案式資料作業	・啟用電話語音服務	・自助無人櫃檯
	・電子公路監理網上線	・外掛系統整合
	・委託六大超商代收規費	・監理服務網擴充服務項目
		・監理服務 APP

搖國本」來形容，「你可以想像得到那個情景，車子無法交易，警察看見違規的人也無法取締，因為查無資料。」

　　擅長資訊技術的臺北區監理所副所長曾信池，曾是臺北區監理所資訊室主任，部署 M3 時被調進總局擔任科長，負責專案管理工作。憶及 M2 轉 M3 的銜接過程，他說：「最困難的就是從原本分散式的資料庫，集中到單一資料庫。」游明傳補充形容：「就像本來有很多人分工的事，現在專門交給一個人做；表示這個資料庫的處理速度要相當快。」

　　監理機關的許多服務，都著重在希望民眾「有感」，唯獨系統更換、上線移轉這件事情，要做得讓民眾沒有感覺、「無痛」切換。尤其監理單位是面對民眾的第一線，每天都需要提供正常服務、不能喊停。游明傳用搬家來比喻，「東西一搬過來就定位，所有的作業就要馬上啟動，絕對不能發生網路當掉就一切停擺這類情事。」

　　因此，在 M3 正式上線前，花了半年時間，動員全國 37 個監理所站，選在週六辦理十次全國上線演練，透過仿真測試和壓力測試，監控與評估系統資

料正確性，累計共動員超過 1 萬 8000 人次參與。「後續也有聽過其他單位轉換系統進行測試的類似情況，但就沒有我們當時『測得那麼瘋狂』。」曾信池感性地說：「看到同仁都那麼投入，這也是我自己很感動的地方。」

為求平穩轉移，系統轉換初期，一方面維持原本 M2 系統正常運作，同時安裝新的 M3 系統電腦，方便作業人員在兩個系統之間隨時切換操作，為系統發生異常時留一條退路。為確保監理服務不中斷，還規劃「異地備援」機制，於臺北設置全國中心外，也在臺中建立異地備援中心，每年模擬切換演練，都達到 100% 成功率。「M3 是只有一百分才及格的考試。」從這句在 M3 團隊成員間流傳的話，可看出這個新系統被賦予的高標。

共同參與建置三代系統 (M1 至 M3) 的中華電信數據通信分公司經營規劃處處長詹迪堯，分享他們從事資訊業務的信念，「沒有最好，只有更好。」舉例來說，相較於 M2 的電子公路監理網，有 53 項的線上服務，進入 M3 後的監理服務網，提供的線上服務多達 109 項，足見多年來系統仍不斷優化，日日新，又日新。

公路總局局長許鉦漳以親身經驗將心比心、換位思考：「是否每回辦理監理相關事務，都要跑一趟監理所，有沒有更便民的方式？」M 3 系統上路後，除了藉由科技輔助，整合車籍和駕籍，同步推出監理服務 APP、監理服務網擴充服務項目，目標是「人人的手機都可以是監理所」，透過網路就能輕鬆享受監理服務，「由於科技進步快速，人民需求增加，不久的未來，M3 管理系統也將升級到 M3.5 或是 M4.0。」許鉦漳充滿自信說。

1　M 3 系統強調智慧化，監理站皆設有公路監理自助櫃台，介面清楚，操作簡單，無須接觸人就能完成服務。

2　公路總局監理服務網的標誌別具意義，這是空拍鏡頭下魚眼效果的道路網，道路穿梭連接各地，綠色是田野山林、藍色代表跨越河流、橘黃色象徵道路穿越城市，而紅色是指情感的連繫。

3-4　使用手機操作監理服務網，跟著吉祥物幸福公鹿的提示，就能完成各項業務。

5　嘉義監理所在 M3 上線演練測試後，舉行視訊檢討會議。

6　監理服務網的吉祥物幸福公鹿，造型可愛溫馨。

6

網路即馬路　手機也可以是監理所

　　從線下（臨櫃）到線上（網路）的轉變，是時代所趨，在監理所站的人力條件下，也是勢在必行。公路總局監理組企劃科科長葉士坤分享過去在第一線任職的經驗，「看到同仁退休或離職，卻受限於員額管制與約僱人員離二補一的限制，事情只會越來越多，人力只會越來越少，再不趕快思考根本解決之道，恐怕未來無法因應。」所以必須積極藉由資訊工具來協力。他有感而發地說，「電腦不只可以揀土豆，還能幫忙做事。電腦可以獨力完成的，就不要浪費人力來做。人，應用來處理電腦無法處理的事情。」

　　前交通部長林佳龍曾揭示過，理想的監理業務應可做到「不用辦、很快辦、隨時辦，通通都能辦」，監理單位的服務愈發優化，「簡政」即是「便民」。目前監理單位的業務內容，已有131項可於線上申請、辦理，既降低了實體監理所站的負荷，也減省民眾來回奔波的不便，不出門即可在彈指間洽辦監理業務，辦理大小事。

　　舉例來說，每年機車與小型車報廢數量約130萬件，過往汽機車報廢或繳銷時，都必須親自臨櫃辦理，2021年起正式開放線上申請，只要繳清汽燃費和交通違規罰鍰，並在十日內將號牌拿到郵局或超商，寄回監理所站，即大功告成。改為線上作業後，就像是「24小時窗口」隨時提供服務，民眾使用程度也十分熱絡，再加上現有申辦補發行照、牌照登記書、變更地址、繳納違規及燃料使用費等線上服務，未來還研議線上申辦新車領牌，讓監理服務邁向更新的里程碑。

1　對於臨櫃辦理的客人，監理所站努力提供有溫度的服務，例如南投監理站的波浪型櫃檯和裝飾，就給人溫馨的感受。
2　臺中區監理所南投監理站的一樓空間設有燈光美氣氛佳的休憩區，顛覆以往監理帶給人的政府機關印象。
3　臺中區監理所南投監理站有兩隻吉祥物平平與安安，在各個角落出現，增添童趣感。
4　臺北市區監理所設有「智慧交通科技館」，推廣先進車輛預警及 AI 科技系統的運用觀念。
5　臺中區監理所南投監理站人員也透過行動櫃檯推車，主動趨前為行動不便的民眾服務，便民又貼心。
6　對於習慣到監理所辦理業務的民眾，監理所努力提供最貼心的服務。

　　新竹區監理所所長吳季娟提到動畫片《動物方城市》中，用動作慢吞吞的樹懶一角，型塑過往監理機關在大眾心目中缺乏效率的形象。如今要尋求改變，靠的是線上、線下並進，走出不一樣的路，「我們希望大部分的事項在網站上就可以處理，民眾能夠盡量不要來到監理所站，減少他們的麻煩。但相對的，只要他們來現場，就要讓他們覺得揪甘心。」

　　確實，還是有民眾不愛上網、滑手機，除了習慣走進實體空間，還有一種可能是阿公、阿嬤使用的不是監理所站的服務，而是一種「串門子」的心情。「已經習慣 3C 生活的世代，我們可以透過網路來服務他們，但還是有一群想要到監理所站來的人，那也沒關係。」吳季娟笑笑說，「我們就做好準備、敞開大門，讓民眾進到『我們家』來被服務時，會感受到很有溫度。」

社會在走 監理服務 APP 要有　

現代人手一機，加上行動載具盛行，監理單位順勢推出「監理服務 APP」，提供汽燃費查詢繳納、交通違規查詢繳納、機車切結報廢、車輛通訊地址查詢變更等服務。未來，APP 在改版設計上，以「超前部署」為一大重點，如果是與民眾個人切身相關的訊息，會在使用者打開 APP 時主動通知，再直接連結到線上辦理。如此，監理服務的及時與便利性，民眾都可以「一手掌握」。

願您一路平安

為提升監理業務品質，思維不斷在變，站在公部門立場，
服務無非就是要「便民」，而另一塊絕不能撼動的核心價值，即是「安全」，
分散在「人、車、路、業」四大區塊底下，各有許多執行細項，
要堅守的，便是安全不打折扣。

───────

監理的把關，如果稍有鬆懈，對一個家庭造成的傷害，難以形容，這也
讓監理同仁們念茲在茲，不敢或忘。

一張駕照核發出去，無法保證駕駛人開車絕對不發生事故。為了整體行車
安全，在制度面上，設計了車輛分級管理、汽機車駕駛人管理等辦法，在實
務上，透過路檢稽查和車輛動態資訊管理中心的即時訊息，第一時間掌握重點
管理車輛在道路上的狀況。

也因此，每個監理所所長、站長，就像是一個公司 CEO，要對轄下管理
的車輛、業者、駕駛人有充分的了解、掌握得到脈動，採取高度監管，卻又
要讓民眾覺得不被干擾。具備風險意識，才能鎖緊螺絲，從民眾踏出家門的第
一步，到返抵家門的最後一哩路，一層層建構起安全網。

上路之際，揮手道別，我們總會說聲：「一路平安！」在這句話的背後，
正是因為有這樣一群人，為全民的用路安全，負重前行。

車輛管理　學問大

　　車輛種類繁雜、數量龐大，在管理上，不同車種用車牌顏色區分，如綠色底為營業性質(普通輕型機車除外)，白色底為自用或租賃等等。一般而言，自小客車多為駕駛人工作或上下班使用，里程數短、情況單純；相較之下，大型車輛對於道路行車安全影響甚鉅，就是被列為加強管理強度的車種。

分級畫「重」點

　　全國有1000多輛的泵浦車，這種車型本身的機具設備很重，行駛在路上，有潛在危險。所以不管驗車是在監理所站還是代檢廠進行，每個月都要把上個月所檢驗泵浦車的錄影帶，全數複核，不是「抽查」，而是「普查」。而大客車因為承載人數多，一旦發生事故，將造成嚴重傷害。因此，針對業者、車輛和駕駛都各有重點管理方式。

　　以遊覽車車輛來說，舉凡安全門規格、滅火器裝備和逃生相關裝置，都

1　監理所站肩負對車輛所有人、運輸業者、駕駛人的管轄責任，讓民眾從出門到返家，享有足夠的安全網。

2-3　為了加強行人的危機意識，監理所站也在車輛考驗場規劃實境體驗的空間，讓用路人感受大型車的內輪差(紅色底板)和視野死角(黃色地板)等危險區。

4-6 監理稽查人員和警察，在路邊執行監警聯合稽查勤務時，對於大客車、遊覽車的安全門規格、滅火器裝備、擊破裝置和逃生裝置，絕不馬虎。圖為統聯客運北花線回遊號。

要符合規定。為了提升便民服務，目前開放車齡五年內的新車至代檢廠進行驗驗，未來將視實施成效，考量逐步開放五至十年內車齡之遊覽車可以至代檢廠檢驗。不同車種的檢驗週期不一，管理強度越強的，檢驗次數越頻繁，出廠年份逾十年的營業大客車，每年就需至少檢驗三次。

公路總局監理組車管科正工程司沈宗樞分析，以交通事故的原因來看，出自機件問題的比例雖不到百分之二，但反之，如果是因為機件引起的，狀況往往非同小可，「如此一來，會降低人民對政府機關的信心，影響層面很大，所以這部分監理單位也一直在加強，如何落實重點車輛的管理檢驗。」

「內輪差」學起來 愛惜生命有一套

車輛轉彎，內側前輪劃出的圓半徑較大，後輪較小，兩輪間的差距稱為「內輪差」，當行人站在內輪差範圍內時，司機員從後視鏡是看不見的。為加強行人的危機意識，各監理所站除了在車輛考驗場規劃實境體驗的空間，甚至也與客運業者合作，將公車開進校園，讓民眾或學生坐上大型車駕駛座，親身感受大型車視野死角的範圍，「真的跟自己以為的不一樣」。強化遠離大型車、趨吉避凶的防護觀念，不要在來不及說再見的時候，人生就「再見」了。

路檢聯稽沒有假期

公路總局局長許鉦漳提到：「早期公路客運只有公路局在跑，後來其他客運陸續出現，公路總局的監理事務也進展到人、車、路、業的全面管理，責任更大，使命更重。」

車輛安全管理，除了靜態的車輛檢驗，還有動態的路邊稽查。不分晴雨，都能看見穿著橘色反光背心的監理稽查人員和警察，在路邊執行監警聯合稽查勤務。每週每月密集排班，針對重點管理車輛加強要求，比如遊覽車會檢查是否配備滅火器、擊破裝置，安全門能否獨立開關。更重要的是要查看俗稱「大餅」的行車記錄器，公路總局監理組交通安全科科長梁春泉說：「一看就知道有沒有超速違規，如果大餅兩、三天沒有更換，代表司機不重視安全，就能看出管理不夠到位。」

遇到連續假期，還有全國同步聯稽，梁春泉笑稱：「我們做交通的，放連假都很辛苦。」依據交通部公路總局的車輛動態資訊管理中心（簡稱動態中心，納管遊覽車、大客車和載運瓦斯、毒化物的危險品車輛）所提供的車流訊息，滾動式調整排班人力。路檢幾年運作下來，民眾配合度都很高，交通部政務次長、前公路總局局長陳彥伯以某次清明假期聯合稽查攔下的一輛遊覽車為例，「稽查後發現司機的駕照過期，可是那輛車載滿了遊客要上阿里山

1　車輛動態資訊管理中心採三班制 24 小時監控、守護人車安全。
2　為了守護公路上的人車安全，監警路檢稽查工作必須格外謹慎。
3　車輛動態資訊管理中心利用 GPS 裝置系統有效監管遊覽車的動態。

玩。領隊來爭論，我們就上車跟遊客說明。」這類案例不勝枚舉，「其實很多乘客都會反過來感謝我們。」

動態中心 24 小時掌握路況

台灣車聯網產業協會理事長、前公路總局局長吳盟分形容自己在局長任期時，夜難安枕，「遊覽車是讓我最擔心的，一萬多部遊覽車在外面跑，又有形形色色的生態，在規範上，很多時候是鞭長莫及。」為了有效監管，目前全國近 1 萬 6000 輛的遊覽車均已強制裝設 GPS，每 30 秒回傳一次座標至動態中心，當出現車輛逾檢、車速異常、司機超時駕駛，和車子進入禁行路段等動態，都能透過此系統得知所有訊息，進一步處理。

動態中心平時採三班制、24 小時監控，全天候掌握路況，臺北區監理所副所長曾信池，提及過去在擔任動態中心執行秘書時，曾遇到台 18 線道路中斷，他們接獲通知後，緊急盤點在該路段行駛的車輛，協助他們轉至安全途徑離開，也透過即時傳送回到中心的畫面，通知工程單位清除路上落石。他強調這是一次很珍貴的經驗，「每年我們都拿這個事件當演練題目，當山區路斷，變成孤島，我們要如何進行後續的聯絡和引導。」

藉由制度化的控管，盡可能地降低路上行車風險。曾信池更期待動態中心的未來發展，可以結合其他預警系統，將災害或道路通阻等訊息主動傳達給車輛駕駛人，「每年要一直精進，讓我們的服務做得更好。或許還需要一段時間，但以後一定會朝這個方向去做。」他語氣懇切地說著。

全民監督！遊覽車動態一掃即知

爸媽參加社區自強活動、小孩學校校外教學，每次當家人一坐上遊覽車，是否也跟著一顆心七上八下？現在透過監理服務 APP 輸入車號，或是掃描車內的 QR code，都可以查詢到這輛車的靜態和動態資訊，如車輛是否逾期檢驗、當日累積的駕駛時間等。藉由民眾一起共同「關心」，也督促業者提升服務品質及車輛安全。

駕駛人管理 靠智慧

開車上路，代表駕駛人已證明自己有駕駛能力，所以會有張駕照，駕駛的也要是合格車輛，所以會有張行照，這是監理單位對人車最初步的安全監管。在過去，行照、駕照都需定期更換，吳盟分回憶自己當初思索改革的起心動念：當所有的資料都在電腦裡，換照的意義是什麼？反過來看，「每次換照，意味著要花一筆錢、要跑程序，對民眾就會是種干擾、是種困難，用現代的話講，就是『痛點』。」

中華民國公共汽車客運公會全國聯合會秘書長謝界田提到，他在公路總局監理組組長一職任內，時任局長的吳盟分就曾有感而發地對他說：「我們在公路總局的一天，能不能做出一點讓人留下記憶的東西？」所指的，就是2013年起，「自用（普通）行駕照免換發」的政策。著眼「無紙化」和便民服務，估計節省超過11億元的換照費用，和600餘萬小時的換照時間成本。

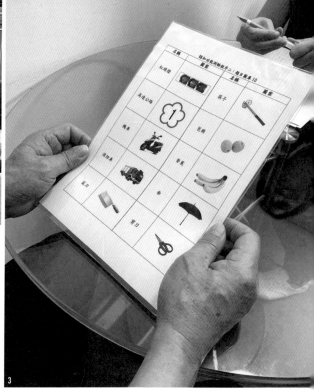

1 臺北市區監理所的高齡認知功能檢測室溫馨舒適，測驗引導人員親切有耐心。
2 滿75歲的駕駛人必須通過體格檢查和認知功能測驗，才能重新領取新駕照。
3 導入醫院神經內科檢測系統的高齡認知功能檢測，準確度連醫學界也認可，像這樣的圖卡約有30張，採隨機抽取。

結合高齡社會需求

　　另一個駕駛人管理制度上的突破，則是高齡駕駛者的駕照管理。現行考領普通駕駛執照，沒有最高年齡限制。然而，臺灣在2018年進入高齡社會（65歲以上老年人口占總人口比率達14%），加上交通事故頻傳，數據顯示以銀髮族人數居多，如何有效管理高齡駕駛，關懷長者的用路安全，就成了隨著實施行駕照免換發後，所衍生的探討議題；於是，有了自2017年起推行的「高齡駕駛人駕駛執照管理制度」。新制上路後，屆滿75歲者，每三年需強制換

認知功能測驗 重點三能力

1 說出當天的年、月、日、星期與當日所在地 >> 對時間及空間的正確認知能力
2 觀看十種圖案並經過兩分鐘後，回答圖案名稱 >> 近程記憶思考的能力
3 畫出指定時刻的時鐘圖形（含時針及分針位置）>> 測試判斷力及手腦並用能力

以上三個程序都通過，才算合格。此測驗的另一重點，在於可初步檢測駕駛人是否有失智傾向，若未通過，就應至醫療院所做進一步檢查。

照，要通過體格檢查和認知功能測驗，才會重新核發駕照。

公路總局副局長黃運貴笑說，制度研議之時，「甚至有很多人私下主動來問說『是不是可以不要發駕照給我爸媽』。」顯見長輩有自己的堅持，兒女難免擔心受怕，希望「一勞永逸」。但畢竟涉及人民權益，茲事體大，「一定要聆聽民眾的想法。」所以，除了透過公共政策網路參與平臺「眾開講」廣納各界意見，也召開北中南東四場公聽會，「在現場確實聽到不少長輩抱怨，認為政策有歧視老人之虞，我們還是盡量從關懷的角度出發去溝通，爭取到大部分人的支持。」

「我們也一直在思考，比如大臺北地區交通方便，很多長輩其實不需要開車，可以透過什麼辦法鼓勵他們把駕照繳回？或是有的長輩很希望單純收藏駕照留念，有什麼方式可以做到？」黃運貴表示，透過各監理所站、地方衛生所協助配合聯繫，以及下鄉服務宣導，粗估最慢在十年內，應可納管所有 75 歲以上的高齡駕駛。

在落實高齡駕駛人管理制度的同時，不僅是維繫道路安全，無形中，也邁開了社區關懷的腳步。

酒駕防制「借東風」 吹出全民共識

酒駕肇事多年來一直高居臺灣交通事故死亡首位，早期，無論是社會大眾或相關法律條令，普遍不重視，在 1970 年代，酒駕違規罰鍰甚至比超速罰鍰還要輕。以 1999 年為分水嶺，在那之前，酒駕只能依《道路交通管理處罰條

為了家中超過 75 歲的長輩
開車安全，記得提醒他們到
監理所進行認知功能檢測。

高雄區監理所也經常舉辦交通安全觀念宣導活動，提醒年輕機車族珍惜生命。

例》處以罰鍰，直到 1999 年才正式在刑法裡把酒駕行為入罪化。只是當時法界普遍認定酒駕為過失致死，並非罪大惡極，經常輕判了事，難以構成嚇阻。

直到 2011 年再次修法，將酒駕致死刑責提高，以及 2013 年明定酒測值的上限，再度加重刑責；輔以酒駕宣導，行之有年，從「喝酒不開車，開車不喝酒」到近年的「酒駕零容忍」，公路總局監理組交通安全科視察莊清富認為，此時整體社會氛圍對於酒駕防制的共識，已然成形。

除了擴大處罰層面，監理所站甚至在偏鄉地區找來村里長協助，家戶拜訪勸導關心酒駕違規人。2019 年酒駕新法上路，曾因酒後駕車、拒絕酒測吊銷駕駛執照者，於重新申請考領駕駛執照前須完成酒駕防制教育，監理所站也自新法上路後配合開辦酒駕防制教育課程，上課之前還要到醫療機構進行酒癮評估治療；如為酒駕吊銷駕照且違反酒駕規定三次以上者，除須完成酒駕防制教育外，還要接受酒癮評估治療，才可重新申請考領駕駛執照。採取多元手段，都是為了抑制酒駕行為。

莊清富有感而發地說，絕大多數的制度修法，都來自一次又一次沾滿鮮血的不幸事件，「有時候我們會形容是『借東風』，沒有東風，這場火攻之計就不會成功。沒有前人的鮮血，就沒有我們現在的制度。而我們希望的是，隨著法規日趨完善，能夠真正抑制酒駕行為，再也不要發生令人遺憾的事故。」

天涯海角監理事務所

過去,舉凡驗車、考照、車輛領牌等業務,都要到監理機關洽辦。
隨著時代進步,監理所站持續推動簡化流程的措施,
原先受限於只能到車、駕籍所在地的監理機關申辦的項目,現在也可跨區域辦理,
一個監理站,通通都能辦,也有許多業務由代檢廠協助代辦,
甚至是民眾自行線上作業即能完成,便民更有感。

————

　　公路總局主任秘書林福山指出,大約自2006年後明顯可見監理相關法規的鬆綁,可看出過去行政部門獨大的觀念已然改變,「現在是要把民眾放在前面,回過頭詢問他們需要的是什麼。」套用在政府單位的服務形式,也是如此。以往,當民眾走進一處公家機關建築物,只能是被動接受服務,現在則是監理單位選擇跨出一步,站在民眾的角度來思考如何優化服務品質。

　　然而,即使數位系統再便利,終究也有光纖網路無法觸及到的人群。國土之上,都是子民,各區監理所站為服務偏遠地區的民眾,最早可溯及1960年代,便開始不定期下鄉辦理大小業務,輔以近年的數位行動監理車上路,有如會移動的監理站,將交通安全宣導的觀念帶至全國每個角落。甚至,遇到大型天災期間,監理所站還會主動派員前往災區關懷,落實「監理不只是一項專業的業務,更是一門暖心的服務」。

1 臺中區監理所南投監理站大廳天花板採圓形設計，象徵安全運轉的車輪，整體色彩清新敞亮。
2 臺中區監理所南投監理站二樓的大富翁遊戲，寓教於樂，讓監理所更有溫度。
3 蓋一座「不像監理站的監理站」是臺中區監理所南投監理站的設計初衷，這裡也是導入翻轉監理概念的首站示範點。

翻轉監理 將設計導入服務

初來乍到南投中興新村的人，如果不是靠著建築上大大的幾個字樣，大概很難相信眼前這棟頗具設計感的綠建築，竟是臺中區監理所南投監理站。大眾的第一印象，正與當初規劃新站要蓋一個「不像監理站的監理站」訴求不謀而合；這裡，就是導入「翻轉監理」概念的首站示範點。

辦理臺中區監理所南投監理站新站建案及搬遷的前站長游明傳表示，除了建築外觀的美學設計，在內部的服務流程和動線改善，結合「數位」、「自助」、「資料開放」和「在地化」四大元素調整。走進寬敞明亮的大廳，波浪型的櫃檯展現柔性親和力，軟化過往公務機關給人的生硬感，彷彿開門見山地向民眾宣告，這裡和傳統「有那麼一點不同」。

舉例來說，一樓大廳的「2.0 數位自助服務機」等同於公路監理自助櫃檯，提供了身分驗證、多元支付及直接取件等三大功能，可以申辦新領牌照

登記書、繳納汽燃費等 11 種項目，民眾免抽號碼牌就能辦。此外，大廳入口處還建置「智慧導引」，用手機掃描 QRcode 就可以取得申辦流程等資訊，即時、數位、無紙體驗一次到位。監理站人員也透過行動櫃檯推車，主動趨前為行動不便的民眾服務。游明傳強調，未來願景希望監理所站是沒有櫃檯的，他半開玩笑說：「現在還有櫃檯，是因為我們的電腦還跟不上人腦。」

　　動線規劃上，將大樓主建築和檢驗室的出入路徑，調整為「人車分道」，洽辦監理業務的民眾就不會跟檢驗車輛交錯，一來降低擦撞危險，二來有效讓辦公空間降噪。又或是檢驗線方向根據設站環境條件調整，「這裡夏天吹南風，冬天吹北風，如果檢驗線為東西向，車輛廢氣都會留在車道裡頭，抽不出去。所以我們的檢驗線是南北向，散熱、通風，也不會有臭味。」小小細節，都是為使用者著想的用心。

　　臺中區監理所南投監理站還有一個隱藏版亮點，就是設置於二樓的「交通安全遊戲體驗區」，以大富翁遊戲為設計概念，不僅能透過遊戲認識交通號誌，了解其重要性，讓交通安全觀念從小扎根，同時也營造親子友善環境，形塑監理所站的親切氛圍，讓監理所站變好玩了。

主動出擊 走進偏鄉和校園

　　中華民國公共汽車客運公會全國聯合會秘書長、前公路總局監理組組長謝界田自豪表示，公路總局在為民服務這一塊，「做得算是滿徹底。」下鄉服務，就是箇中代表。對偏遠地區的居民來說，到監理所站必須長途跋涉，以南澳鄉為例，距離最近的宜蘭監理站有 30 多公里，騎乘機車又只能走舊蘇花公路，路遠車多風險高，根本不可能為了考領駕照而風塵僕僕地來回奔波，造成偏鄉民眾的持照率普遍偏低，行車風險大增。

　　為改善此一困境，各區監理所站針對轄內偏遠地區，主動提供考照、換發行照駕照、辦理車籍異動等服務。像是在檔案還沒有電子化的年代，承辦人員還得舟車勞頓，開貨車載著 20 多個裝有「台帳」（車籍資料牌照登記申請書）的鐵櫃抽屜及新車牌下鄉。但也因為親民、便民，前公路總局監理組組長施金樑說每次去偏鄉都很受歡迎，鄉親個個笑逐顏開，「很熱情啦！還常常請我們吃當地的水果特產，特別能感受到人與人的情感交流。」

　　下鄉考照，不只是行禮如儀走完流程，更必須要因應各地民情，給予協助。有多年第一線服務經驗的臺北區監理所宜蘭監理站技正陳映綸透露，像是原住民朋友或年紀較大的長輩，可能有不識字、中文聽寫能力不足等情況，他們會特別提供口試的方式。又或是偏鄉民眾對交通法規較陌生，在時間、人力允許的情況下，他們也會針對考題，提前幫考生加強衝刺。施金樑回憶，早年各

山高水遠 服務腳步不停歇

早年台 18 線阿里山公路尚未開通，林管處添購的汽車車輛要用小火車載運上山，因為隧道低矮，必須拆下車輪，方能通過。遇到每年汽車定檢，得載運下山，過程中來回拆裝數次，苦不堪言，後來林管處只好商請嘉義區監理所派員上山，執行檢驗任務。施金樑就曾聽過檢驗員分享，因為林區幅員廣闊，車輛分散在各林班，甚至要以「流籠」吊掛滑到對面山頭，驚心動魄，這也成為監理下鄉服務的最早起源。

施金樑話鋒一轉笑問：「最近幾年還有去哪裡，你知道嗎？」答案是沒有住民、只有駐軍的「南疆鎖鑰」東沙島。為免島上車輛逾檢受罰，高雄區監理所皆會派員搭機到島上辦理驗車服務。印證了監理服務無遠弗屆，上山也下海。

1 數位行動監理車走進偏鄉和校園，宣導正確的交通安全觀念，讓教育從小開始。
2 來自澳花偏鄉的婆婆，特別搭火車到南澳鄉參加宜蘭監理站的高齡認知檢測與高齡換照服務。
3 飄洋過海坐船到金門服務鄉親的數位行動監理車。

所站積極培養深具教學熱忱的同仁，深入地方為鄉親們上三、四個月的道安課程，「教到後來，每個都是名師。」他笑道，「從不會教到會，而且完全免費。」

移動的智慧監理站 服務沒距離

傳統行動監理車只能提供少數監理服務，功能過於單一，漸漸地已無法滿足時代所需。為了提供各族群更多元、更便利的服務，讓監理業務不局限於監理所站，而能夠走進社區關懷高齡長者、開進偏鄉服務地方民眾，2020年公路總局全新打造的多功能「數位行動監理車」正式上路。主視覺以公路總局局徽作為基礎，圖案除了車輛、駕駛人及道路等交通意象，設計師也發揮巧思，讓石虎、臺灣黑熊等臺灣原生物種躍然其上，所到之處，無不成為路上焦點。

更重要的是，這輛功能強大的數位行動監理車，每開出去，「就相當於把整座監理站開到馬路上！」集結了機車考照、交安宣導、異動窗口和溫馨服務等四大功能，有如變形金剛般，小小的車身竟能延伸出五大服務區，無論是偏鄉考照、高齡者做認知功能評估，或是校園的安駕宣導、機車考照成年禮等活動，還有大型活動需要政策宣導，都能派上用場，既為民眾「外送」監理服務，同時也傳遞道安知識。

陳映綸強調：「車子開到哪裡，我們的監理服務就到哪裡。」數位行動監理車的出動，造福更多偏鄉及離島民眾，讓城市有溫度，偏鄉有服務。

數位行動監理車 功能大解析

- **窗口區：**辦理車輛牌照、駕駛人異動、高齡換照、燃料費開單、違規繳費等業務
- **數位體驗區：**可上網進行危險感知測驗，收看交安宣導短片，也有 VR 設備可以身歷其境深度體驗。
- **考試區：**設有筆試區（亦可作為高齡認知檢測室）和活動式路考設備。
- **小舞台區：**可做小型活動、交安宣導等用途。
- **茶水休憩區：**民眾等候的空檔，可在此休憩。

1 搭配數位行動監理車一起出任務的宜蘭監理站考檢驗員，烈日下為偏鄉機車考生計分。
2 被形容為變形金剛的數位行動監理車，集結了機車考照、交安宣導、異動窗口和溫馨服務等四大功能。
3 宜蘭監理站同仁一早就在南澳鄉的停車場搭起簡易機車筆試考場，共出動 10 台電腦。
4 功能強大的數位行動監理車，宛如把整座監理站開到馬路上。

Chapter4 下一站守候

被譽為「現代管理學之父」的彼得·杜拉克 （Peter F. Drucker）
所揭櫫的「不創新，便死亡（innovate or die）」，
綜觀 75 年來的運輸與監理發展梗概，
正是要將新觀念以具體的執行力，實踐於服務中。
從「運輸」層面，因應智慧運輸的前景，從治理、服務到產業發展，
全面提升民眾行的便利；從「監理」層面，運用先進科技的 e 化革新，
強化線下到線上的服務，走向更便民且有溫度的服務；
而在美學層面，透過監理及公運服務將美學創新設計導入，
回應民眾的期待與要求。化被動為主動，成為勤於觀察民意、
敏於擁抱科技、勇於創新改變的公路總局。

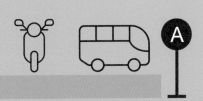

預知明日的同行

公路總局的監理與運輸業務，與民同行走過悠長的 75 年歲月。
「行的安全」和「行的便利」是矢志不變的信念。
看得更高、更遠，迎向未來，更是公路總局時時刻刻的挑戰。

———————

　　在監督管理的相關議題上，考量的是如何拿捏得恰到好處、鬆緊得宜，如何在制度面和技術面上，回應民眾的生活需求與更多期待。而在運輸決策上，如何善用科技，又同時兼顧綠能環保，方能因應「智慧運輸」的前景，為全民提供更美好的服務。

　　當數個世紀前，路上都還是馬車的時候，誰能想像得到汽油車、電動車的來臨？如今在短短幾年內，所有的載具都已更新了無數次。確實，「新世界來得飛快」，如何能不讓人更加枕戈待旦，隨時做好準備？所有的思維，任何的變革，都應該從歷史的縱深去探究，在每個時間點，「做對的事情，把事情做對」。

　　公路總局正群策群力、邁開腳步，跟著時代，走向「沒有最便民、只有更便民」的下一站，幸福。

輪椅使用者優先使用
Wheelchair user priority

1

運輸智慧前景 構思無人駕駛的未來智能行

　　隨著電動車市場日趨普及、5G 互聯網時代到來，公路總局也將迎來因應電動車、自動駕駛的綠能運輸時代。公路總局運輸組組長王在莒倡言，「我們不是創造、研發科技的人，但我們可以充分善用科技。」下一步，交通部和公路總局規劃 2030 年全國客運公車電動化，預計在未來十年投入相當的經費打造 1.5 萬輛「電動巴士國家隊」。

　　運輸，佔臺灣碳排量 17%，臺中區監理所副所長馮靜滿補充，為了追求環保、改善空污，勢必要減少燃料車輛的使用，「如果一開始就從自用車全面導入，不太可能嘛！所以一定先從公共運輸著手。」而運量不僅是公路客運而已，亦包含 22 縣市的市區公車，所以在相關計畫裡，為了鼓勵市區公車業者也採用國家隊的電巴車輛，設計相關補助要點。

　　電動巴士除了講求環保、高效能外，並採用低地板或無障礙化設計，在面

1 隨著電動車市場日趨普及、5G互聯網時代到來，公路總局將迎來因應電動車、自動駕駛的綠能運輸時代。

2 未來十年，公路總局將打造電動巴士國家隊，計畫2030年讓全國客運公車電動化，圖為臺中豐原客運的電動巴士。

對高齡化的社會發展，希望年長者和身障朋友，能在不依賴他人的前提下，自在無慮的乘車，提供更友善、更有感的服務。

除此之外，引進智慧交通科技也是未來發展趨勢，自駕巴士亦為其中重要的一環，面對勢不可擋的科技發展，公路總局也開始規劃自動化無人駕駛的公共運輸。馮靜滿提到，公路總局預計於2022年推動智慧自駕電動巴士於台61線路段實施。若未來技術、環境條件成熟，能夠穩定載客上路，將可解決國內客運業長期面臨駕駛員缺工的問題，進而能提供更密集的班次，增加公共運輸涵蓋率。

公路運輸是「活的議題」，必須隨時保持高度應變能力，以因應時代的需求，不久的將來，沒有司機駕駛的公車，將不再是一則都市傳說。

建立公運美學 從使用者角度思考

過去，公部門做出來的東西經常被諷為「中華民國美學」，要如何顛覆一般民眾的刻板印象，重新詮釋公運美學？先從外觀直球對決，讓民眾第一眼就留下好印象，是策略之一。從公路總局近年交出的軟硬體成績單，可窺知一二。

公路總局主任秘書林福山表示，近20多年來，國內大客車市場主流的車

身造型，都是業界引以為傲的「海豚型」，但就許多美學專家及民眾的角度來看卻是不及格的，所以公路總局希望可以從車體到內裝設計，做出一套美學示範。因此，有了被譽為「最美公路移動風景」的北花線 - 回遊號，是全臺首創將客運路線「品牌化」的代表作。北花線在設計上打破傳統繁瑣的色塊，以及讓人看不出重點的過多細節，堅守「減少異材質使用」、「淡化材質紋理」、「簡化視覺線條」三大原則，內裝空間強調個人化體驗，符合人體工學的寬敞座椅搭配頭枕可調式設計，提升舒適度。值得一提的是，座椅更大膽採用白色 PU 材質，「大家都覺得很容易髒對不對？」林福山笑著分享親友的搭乘經驗，「他們都說，這樣一來在乘坐時反而會記得格外小心愛護，無形中，乘客的品質也跟著提升了。」

　　2020 年搬新家的臺中區監理所南投監理站，打從興建之初，便有風聲盛傳是在「蓋飯店」。之所以成為地方鄉親們茶餘飯後的嗑牙話題，全賴狀似連續金字塔的建築外牆，十分引人注目，猶如設計師旅店。前站長游明傳透露，因建築位置西曬，才增設了外牆遮陽，立面設計靈感源自南投地標九九峰，

1 北花線 - 回遊號從車體外觀到內裝整合，皆依循品牌視覺系統設計，並藉由降低外觀彩度，讓車身與自然美景零距離。
2 搭乘北花線 - 回遊號，很有乘坐飛機商務艙的舒適感，圖為統聯客運。
3 北花線 - 回遊號的內裝空間強調個人化體驗，配備人體工學的座椅、可調式頭枕，讓乘坐舒適度大大升級，圖為統聯客運。

形塑出山巒迭起的意象。整體建築群色彩配置以白、淺、深灰色系相互搭配，希望讓監理站在融入所在地的中興新村聚落時，更為協調，不顯得突兀。

公路總局的綠建築，不只是臺中區監理所南投監理站。2014 年啟用的公路總局新大樓，早在規劃之初，台灣車聯網產業協會理事長、前公路總局局長吳盟分便堅持，要融入環保、親民的概念，打造一座真正的綠建築。因此，設計建造時也導入「都市造林」策略，透過陽台的爬藤植物和戶外廣場的草皮、灌木與喬木，從地面到屋頂的連續性綠化，讓這座新建築出現在臺北萬華舊城區時，不只是生硬冰冷的建材，而是一座有如林蔭公園般的綠色空間，與社區環境展開對話，塑造公務機關環保而親民的嶄新形象，讓人感受自然的氣息與溫度，是名副其實的「黃金級」綠建築。

新竹區監理所所長吳季娟謙虛表示，美學的概念，同仁們都是邊做邊學。她也強調，美學不是只有要漂亮，而是在服務細節的諸多面向上，都能抱持著為民眾多設想一分的貼心。「我們在制定法規、推行所有的行政措施，都要

從使用者的角度來想這件事，『美學』才有辦法被建立起來。當民眾覺得我們有照顧到他的需要時，這裡頭就有美的意涵呈現。」

在設計上，除了從公路總局既有的形象識別藍紅灰色系來延伸，她認為應該從「減法」開始，畢竟如果塞得太多、太滿，「反而不容易在視覺上讓民眾一望即知。」就像目前正運作改版的監理服務 APP，介面要友善，拉掉不必要的功能，就是運用減法的邏輯，讓操作更直覺、更單純。

簡單，其實也不簡單。

數位科技軟實力 搏感情・拚外交

「很多中央單位的業務，都下放到地方政府，不會直接與民眾接觸。可是唯獨監理，是中央在做的『獨門生意』。而且只要我們想好怎麼做就去進

1 位在臺北的公路總局新大樓很環
　保，屬於「黃金級」合格認證的
　綠建築。
2 公路總局大樓一樓的幸福公路館
　擁有豐富藏書，紀錄交通部公路
　總局一路走來的理念與蛻變。

行，是有很多可以勝出、贏得民眾好感的機會。」吳季娟強調，越是第一線的
服務，越要做得讓民眾有感，這樣民眾跟政府之間的信任度才會拉近。她笑笑
說：「這樣想，就會覺得我們現在做的事，是很有意義的。」

　　不管是數位時代或後疫情時代，因為大家不接觸、不碰面，生活當中勢必
都會運用到線上服務，這是不可逆的。政府部門的服務對象不只是國內民眾，
也有機會以此進行國際交流。以政府服務已達99% 數位化的愛沙尼亞為例，
這個波羅的海小國打造出世界上最成功的數位社會，擁有全球稱羨的數位系
統，吸引各國爭相援引其經驗。吳季娟堅定地說：「線上數位公共服務的精進，
是必然的趨勢。」期待有朝一日，能用這份軟實力，讓臺灣在世界上發光。

　　在交通部政務次長、前公路總局局長陳彥伯眼中，全臺 37 個監理機關，
就是最好的「典範轉移」，在內部產生更多新的動力，再提供出更多的創新服
務。他有感而發地說：「科技時代的來臨，真的可以讓我們去做一些以往做不
到的事。而一個機關，想要永續發展，一定要時時刻刻思索，自我挑戰，唯
有改變，才能有所成長。」

　　無論監理服務如何日新月異，最核心的價值，始終是設身處地為服務對象
思考，確保安全、增加效率，成為一個有溫度的服務系統。擁抱科技，與時
俱進，人本服務，長在民心。

牧路：75年，守護島嶼的路行者 / 張雅琳，王宣喬，
曹憶雯作，-- 第一版 . -- 臺北市：天下雜誌股份有限
公司，交通部公路總局，2021.08
128 面；17x23 公分 .-- （智富天下；11）
ISBN 978-986-398-699-7（平裝）
1. 公路管理 2. 運輸管理 3. 公路史
557.341　　　　　　　　　　　　　　　110010253

智富天下 011

牧路
75 年，守護島嶼的路行者

合作出版	天下雜誌股份有限公司（天下雜誌 Lab）、交通部公路總局
總策劃	許鉦漳
策劃召集	黃運貴
策劃統籌	林福山
策劃執行	林義勝、吳季娟、葉士坤、江欣靜
協力策劃	王在莒、黃鈴婷、陳俊宏、李佳紋
地址／電話	台北市 108 萬華區東園街 65 號／（02）2307- 0123

企劃主編	黎筱芃
主編	曹憶雯
採訪記者	張雅琳、王宣喬、曹憶雯
攝影	蔡孝如、王星鑑、閻要辰
美術設計	何仙玲
插畫	蔡豫寧
執行編輯	黃志偉
行銷企劃	白雲香、洪檍喬、利安禾

天下雜誌社長	吳迎春
天下雜誌出版部總編輯	吳韻儀
地址	台北市 104 南京東路二段 139 號 11 樓
讀者服務	電話（02）2662-0332 ／傳真（02）2662-6048
天下雜誌網址	https://www.cw.com.tw
劃撥帳號	01895001 天下雜誌股份有限公司
法律顧問	台英國際商務法律事務所‧羅明通律師

總經銷	大和圖書有限公司／（02）8990-2588
出版日期	2021 年 8 月第一版第一次印行
定價	350 元
書號	BCTF0011P
ISBN	978-986-398-699-7
GPN	1011000934

特別感謝採訪協力／
王梅香、石秀玉、台灣設計研究院（北花線 - 回遊號圖）、朱益亨、江澍人、吳盟分、吳志泳、吳通敏、吳宇航、沈宗樞、李佩蓉、李博文、李建文、李小花、李浩然、何桂英、京武 (來義鄉幸福巴士圖)、林翠蓉、林煒翔、卓京紅、施金樑、洪勝能、柯自強、陳彥伯、陳世坋、陳進龍、陳俊成、陳映綸、陳昭伶 (國光汽車客運圖)、張家祝、張博傑、張世融、張東閔、張慶得、梁春泉、莊清富、莊譓翰、許秀惠、許治威、馮靜滿、游明傳、曾信池、曾翔、曾幸敏、黃淑芬、葉建宏、詹迪堯、鄭瑞隆、蔡忠偉、劉嘉興、賴明誼、謝界田、謝詠筑、魏玉忠、曠蘭美、藍翔 (國光號 MCI 灰狗巴士圖)、羅乙棋、Shutterstock (部分配圖)
(* 上述依照筆畫順序排列)